Jesusgeschichten

spielen und erzählen

Kinder begleiten
in Schule, Gemeinde
und Familie

- In neuer Rechtschreibung -

Herausgegeben von
Dietrich Steinwede und Ingrid Ryssel

Kreativteil und grafische Gestaltung:
Doris Westheuser

Gütersloher Verlagshaus

Die Deutsche Bibliothek – CIP-Einheitsaufnahme

Jesusgeschichten – spielen und erzählen /
hrsg. von Dietrich Steinwede und Ingrid Ryssel. –
Gütersloh : Gütersloher Verl.-Haus, 2002
(Religion – spielen und erzählen ; H. 10)
ISBN 3-579-02285-7

Dieses Werk folgt der reformierten Rechtschreibung und Zeichensetzung.
Ausnahmen bilden Texte, bei denen künstlerische, philologische oder
lizenzrechtliche Gründe einer Änderung entgegenstehen.

Wir danken den Autorinnen und Autoren für die freundlich erteilten Abdruckgenehmigungen.
Alle Rechte liegen bei den jeweiligen Autorinnen und Autoren
mit Ausnahme des Textes von Irmgard Weth: © Kalenderverlag des
Erziehungsvereins, Neukirchen-Vluyn 2000.

ISBN 3-579-02285-7
© Gütersloher Verlagshaus GmbH, Gütersloh 2002

Umschlaggestaltung: Doris Westheuser, Versmold
Satz und Reproduktionen: Weserdruckerei Rolf Oesselmann GmbH, Stolzenau
Druck und Bindung: Grafo S.A., Basauri
Printed in Spain

www.gtvh.de

Inhalt

Alle nicht namentlich gekennzeichneten Texte stammen vom Herausgeber Dietrich Steinwede

> **Empfehlung:**
> Zur leichteren Bearbeitung für die Kinder sollten die Kopiervorlagen der Arbeitsblätter auf DIN A4 vergrößert werden.

Vorwort

Ein unbekannter Rabbi aus Nazaret in Galiläa, einem eher abgelegenen Gebiet Palästinas, und eine Hand voll junger Menschen, Männer und Frauen, mit ihm, das sind die Anfänge der Jesus-Geschichte, um die es in diesem Heft geht. Nach dem Tod Jesu beginnt die Christus-Geschichte – und das ist eine andere Geschichte.

Zusammengetragen, zusammengestellt sind Erzählungen, die den geschichtlichen Jesus im Blick haben, den Menschen unter Menschen: wie er (vielleicht) als Kind war, wie er als Erwachsener sich taufen ließ, wie er überall das anbrechende Gottesreich ausrief, wie er Menschen zu sich holte, wie er in seiner Heimatstadt Nazaret sagte, wozu er gekommen sei, wie er als großer Erzähler in bilderreicher Sprache lehrte – in den Synagogen ebenso wie in der freien Natur –, wie er mit den etablierten Gesetzeskundigen (Schriftgelehrten und Pharisäern) über die rechte Auslegung des jüdischen Gesetzes stritt, wie er den von der damaligen Gesellschaft Geächteten seine Hilfe zuteil werden ließ, wie er viele Kranke von ihren Leiden befreite, wie er schließlich nach Jerusalem ging und dort am Kreuz der römischen Fremdherren starb.

Biblische Nacherzählungen wechseln dabei ab mit freien Erzählungen, die ihr Material aus dem heutigen Wissen um die Jesus-Zeit beziehen; Erzählungen am Bibeltext entlang werden unterbrochen von Erzählungen aus der Sicht Beteiligter, seien es zwei Jungen in der Geschichte von der gekrümmten Frau, sei es einer der zehn, die Jesus vom Aussatz heilte, sei es in der Zachäus-Geschichte die Zentralperson Zachäus selbst. Solche Umgestaltungen bei anderen Erzählvorlagen dieses Heftes vorzunehmen, sei ausdrücklich empfohlen.

Im Ganzen ist mit der Geschichtenfolge versucht worden, einen überschaubaren Zusammenhang herzustellen, der die wichtigsten Stationen der Jesus-Geschichte enthält. Die großen Oster- und Wundergeschichten können ebenso wie die Weihnachtsgeschichten des Lukas und des Matthäus in einem solchen Zusammenhang keinen Platz haben, denn es sind Christus-Geschichten. Hier geht es um Geschichten, die unabdingbar sind für das *Jesus*bild, das Kinder gewinnen sollten.

Jedes Einzelbeispiel enthält dabei immer wieder gegenüber dem Bibeltext sprachliche und auch sachliche Abwandlungen, die allein um des besseren Verstehens der Kinder willen vorgenommen wurden. Deshalb heißt es auch bei den Bibelstellenangaben *nach* Markus, *nach* Lukas! Sprachlich-sachliche Veränderungen kann jede Benutzerin/jeder Benutzer darüber hinaus selbst vornehmen und zwar nach den Bedingungen, die die jeweilige Kindergruppe stellt. Man kann erweitern, kürzen, umschreiben. Man kann aber auch die Vorlage gewissermaßen als Partitur benutzen, d. h. mit dem Heft als Stütze in der Hand den Kindern mehr oder weniger frei erzählen. Vielleicht findet oder kultiviert man dabei den eigenen Erzählstil, findet zu einer eigenen Erzählidentität, die dann keiner Vorlage mehr bedarf. Dass dies vor Ort geschehe, ist der Wunsch der Herausgeber, denn sie wollen die dargebotenen Beispiele allenfalls als Erzählhilfen, nicht aber als Wort um Wort nachzuvollziehende Erzählvorlagen verstanden wissen. Ebenfalls als Hilfe sind die knappen Einleitungen zu sehen. Sie greifen jeweils Einzelaspekte aus dem vielen, was zu sagen wäre, heraus. Hier geht es um theologische Grundgedanken, dort um einen größeren Zusammenhang, dort wiederum um die Erzählstruktur, um sprachliche Eigenheiten.

»Jesus gehörte zu dieser Welt. Und doch war er mitten in ihr ein unverwechselbar anderer« (Günther Bornkamm). Das mag immer im Auge bleiben. Und: Gott wird sich zeigen. Gottes Herrschaft wird kommen, allen Misserfolgen zum Trotz. Das war der Glaube Jesu, wie nicht zuletzt seine Gleichniserzählungen von der vierfachen Saat und vom Senfkorn, das, winzig, unscheinbar, verborgen, zu einem großen Baum wird, zeigen. Möge solch ein Glaube allen geschenkt sein, die Kindern mit den Jesus-Geschichten elementare Anliegen der christlichen Religion vermitteln wollen. Möge ihnen das Herz aufgehen, wie der Same aufgeht auf fruchtbarem Land.

Dietrich Steinwede

Jesus ist ein Freund der Kinder

Zum Text: *Von keinem anderen Menschen der Antike wird berichtet, dass er ein so ausgeprägtes Verhältnis zu Kindern gehabt habe, wie von Jesus aus Nazaret. Kinder und Frauen galten wenig in der damaligen Gesellschaft. Jesus liebte Kinder. Mehr noch: Er zeigte an ihnen, was wahre Gotteskindschaft bedeuten kann, nämlich sich rückhaltlos öffnen können für ein Geschenk, eine Gabe.*

Geschenk

Gotteskind-
schaft

Kraft

Offenheit

Segen

Die Kinder und Gottes neue Welt

Kinder werden zu Jesus gebracht. Er soll sie ansehen. Er soll ihnen die Hand auflegen. Er soll sie segnen.

»Ja, der Rabbi Jesus, zu ihm kann jeder kommen. Er hat Kraft von Gott, wunderbare Kraft.« So sagen die Eltern. Und sie kommen mit den Großen an der Hand und den Kleinen auf dem Arm. Von allen Seiten kommen sie.

Aber da sind so viele Menschen um Jesus herum. Es ist ganz eng. Da ist kein Platz. Die Eltern aber wollen zu Jesus. Doch die Jünger versperren ihnen den Weg: »Seht ihr nicht, wie viele hier auf Jesus warten, auf Gott? Was wollt ihr mit den Kindern? Die verstehen doch sowieso nichts!«

Jesus hört das. Er sieht das. Da wird er unwillig: »Zu mir!«, ruft er. »Die Kinder sollen kommen. Alle! Was stellt ihr euch den Kindern in den Weg?«

Jesus ist ärgerlich, zornig: »Wisst ihr das nicht? Kinder gehören zu Gott. Gott ist ihr Freund. Ich bin es auch. Wisst ihr das nicht? Ihr könnt noch lernen von den Kindern! Ja, das sage ich euch: Kinder machen es euch vor: Sie erwarten etwas. Sie kommen mit offenen Händen. Sie können sich etwas schenken lassen. Und ihr? Seid ihr auch so? So offen für Gott? Für Gottes neue Welt?«

Da sagen die Jünger nichts mehr. Da lassen sie die Kinder mit ihren Eltern durch. Und Jesus nimmt die Kinder in die Arme, eins nach dem anderen: »Gott schütze dich. Gott behüte dich. Sei gesegnet. Ja, du gehörst zu Gott!« Und Jesus streichelt die Kinder. Er legt ihnen die Hand auf. Er segnet sie.

Die Kinder spüren es. Es geht ihnen durch und durch. Sie sind glücklich. Die Eltern auch.

Die Jünger aber wundern sich.

nach Markus 10,13-16

Zum Text: *Immer ist Jesus aufseiten der Kinder. Er lässt sie zu sich. Er nimmt sie in Schutz. Jesus hat ein Herz für Kinder. Er mag sie. Ein Kind will umarmt, gestreichelt, geliebt werden. Jesus weiß das. Kinder können Gott fühlen.*

Annehmen

Bescheiden-
heit

Schutz

Sich ändern

Werden wie die Kinder

Einmal kommen die Jünger zu Jesus. Sie fragen: »Wer ist der Größte in der neuen Welt Gottes?«

Da ruft Jesus ein Kind, das da gerade spielt, zu sich heran. Er stellt es in die Mitte. Er schaut das Kind an. Er schaut die Jünger an: »Hört zu! Wenn ihr euch nicht ändert, wenn ihr nicht werdet wie dies Kind, so offen für das Leben, so offen für Gott, dann kommt ihr niemals in Gottes neue Welt. Wer so wenig aus sich macht wie dieses Kind, der ist der Größte in Gottes neuer Welt, der ist für Gott am wichtigsten. Und im Übrigen, wer ein Kind, eins wie dies, aufnimmt in meinem Namen, der nimmt mich auf.« Da sind die Jünger sehr erstaunt, als sie das hören.

nach Matthäus 18,1-5

Jesus war selbst ein Kind

Zum Text: *Die aus heutigem Wissen um die damaligen Lebensverhältnisse und -gewohnheiten einfacher jüdischer Familien frei konzipierte Erzählung (Hintergrunderzählung) will zeigen, dass Jesus als Menschenkind vermutlich genauso gelebt hat wie andere Dorfkinder seiner Zeit auch. Das spätere Leben, Lehren und Handeln dürfte bei ihm – ähnlich wie in anderen Kindheiten auch – durch den Tagesablauf in der Familie, das Lernen in der Schule, das Hineinwachsen in seine Religion bereits entscheidend vorgeprägt worden sein.*

Zu Hause in Nazaret

In Nazaret wächst Jesus auf. Der Ort liegt auf einer Anhöhe im Bergland von Galiläa. Man schaut weit hinaus in die Ebene Jesreël.

Um Nazaret herum gibt es gute Weiden für Ziegen und Schafe, gute Böden für Weizen und Gerste, schöne Bäume, Weinberge. Einige Wegstunden sind es bis zum See Gennesaret.

Als Kind spielt Jesus mit den anderen Kindern von Nazaret auf der Dorfstraße. Gewiss ist er unternehmungslustig, erfindungsreich, freundschaftlich, auch mal widerborstig – wie andere Kinder auch.

Josef, der Vater von Jesus, ist Bauhandwerker. Er arbeitet mit Stein, Ziegeln und Holz. Er hat eine Werkstatt. Sein Bauholz schlägt er in den Wäldern ringsum. Dann sägt er es zu Balken und Brettern zurecht. Mit der Hand. Als Jesus größer ist, hilft er ihm dabei. Für die Juden ist es selbstverständlich, dass ein Sohn bei seinem Vater in die Lehre geht.

Nazaret, das sind kleine und größere Flachdachhäuser, aus Lehmziegeln oder Bruchsteinen errichtet, geschart um einen Dorfbrunnen in der Mitte. Nazaret hat eine gute Wasserquelle. Die Häuser haben kleine Fenster und schmale Türen, um die große Sommerhitze abzuhalten. Bei einstöckigen Häusern gibt es drinnen meist nur zwei Räume, einen etwas tiefer gelegenen für die Tiere – Schafe, Ziegen, Hühner –, einen etwas höheren für die Menschen zum Essen und Schlafen.

Vielleicht wohnt Jesus in einem zweistöckigen Haus, denn die Familie ist groß. Sie sind mindestens neun Personen: Mutter, Vater, vier Brüder – Simon, Josef, Jakobus, Judas –, Jesus selbst und Schwestern (ihre Zahl kennen wir nicht).

Die Einrichtung des Hauses ist einfach. Auf dem Boden, neben der Feuerstelle Pfannen und Töpfe, Körbe mit Gemüse, Körbe mit Obst, mit Granatäpfeln, mit Feigen. An der Wand ein Backofen, an einem Haken ein Ziegenbalg als Trinkwasserbehälter, Öllämpchen in Wandnischen, auf Borden und von der Decke herabhängend.

Eine große lebendige Familie sitzt zu Tisch. Vor dem Essen hat jeder aus einem Krug etwas Wasser über die Hände gegossen. So ist es vorgeschrieben: Kein Jude darf mit unreinen Händen essen. Außerdem greift auch jeder mit der Hand in die Schüsseln und isst dann aus der Hand. Denn Essbestecke gibt es nicht. Vor Beginn der Mahlzeit wird ein Tischsegen gesprochen, am Ende ein Dankgebet. Die Familie bemüht sich, alle Vorschriften der Hebräischen Bibel einzuhalten.

Jesus schläft wie alle auf der meist doppelt gelegten Schlafmatte am Boden, zugedeckt mit seinem Umhang. Bettzeug gibt es nicht. Bettgestelle kennen nur die Reichen. Morgens wäscht Jesus sich im Hof oder am Dorfbrunnen.

Mit fünf Jahren geht Jesus in die Schule. Dorfschulen gibt es schon in seiner Zeit. Die Pharisäer, die gottesfürchtigen und gottesgelehrten Männer des Volkes, haben sie eingerichtet. Sie wollen, dass die Kinder so früh wie möglich die Hebräische Bibel kennen lernen.

Schule wird draußen im Synagogenhof abgehalten. Zu Hause spricht Jesus aramäisch. Beim Rabbi, dem Lehrer der Synagogenschule, aber lernt er zusammen mit den anderen Jungen aus Nazaret Hebräisch, die alte heilige Sprache seines Volkes. Zuerst das hebräische Alphabet, die schwierigen Buchstaben, dann Wörter, dann ganze Sätze. Später dürfen sie aus der heiligen Buchrolle, der Torarolle, lesen, von rechts nach links. Aber nicht mit dem Finger. Man darf die Wörter nur mit einem Stift berühren, so heilig sind sie.

Jesus war selbst ein Kind

Jesus lernt aus der Torarolle, wie Gottes Weg war mit Abraham, Isaak, Jakob, Josef und Mose. Er lernt die vielen Weisungen für das Volk Israel, das Gesetz, nach dem ein Jude sein Leben auszurichten hat. Er lernt, indem er mit den anderen Jungen im Chor nachspricht, was der Rabbi vorspricht. So prägt er es sich ein.

Jesus lernt gut. Der Rabbi sagt: »Was ihr lernt, das sollt ihr euch immer wieder vorsprechen, wenn ihr zu Hause seid, wenn ihr unterwegs seid, wenn ihr euch hinlegt, wenn ihr aufsteht.«

Jesus lernt, was man am Schabbat, dem wöchentlichen Feiertag der Juden (unserem Samstag), dem Tag der Schöpfungsruhe Gottes, nicht tun darf. Er lernt, was als unrein gilt. Vor allem lernt er das höchste Gebot der Juden: »Du sollst Gott, deinen Herrn, lieb haben von ganzem Herzen, von ganzer Seele und mit all deinen Kräften. Und deinen Mitmenschen, deinen Nächsten, sollst du lieb haben wie dich selbst.«

Jesus lernt auch das ›Schmah Israel‹, das ›Höre, Israel, der Herr, unser Gott, ist einer. Er allein ist Gott, sonst keiner.‹

Mit dem Lesen und Lernen, aber auch mit den Gebeten und religiösen Übungen zu Hause, wächst Jesus in seine Religion, die jüdische, hinein. Zu Hause lernen auch die Schwestern mit. In die Synagogenschule aber gehen nur die Jungen.

Ob Jesus außer Aramäisch und Hebräisch auch andere Sprachen konnte, etwa Griechisch oder gar Latein, die Sprache der Römer – wir wissen es nicht.

Der Täufer am Jordan

Zum Text: *Die Geschichte des Täufers – er war wie Jesus nach ihm Prophet der kommenden Gottesherrschaft – geht in allen vier Evangelien der Geschichte Jesu voran. Vor seiner öffentlichen Wirksamkeit kommt Jesus, der selbst nie taufte, zu Johannes, um sich taufen zu lassen. Der Vorgang wird allgemein als historisch, als damals wirklich geschehen, angesehen. Die neutestamentliche Erzählung indes mit dem Wundermotiv der hörbaren Stimme Gottes aus dem offenen Himmel ist bereits ein Zeugnis des Glaubens.*

Geisttaufe

Glaube

Gott

Messias

Predigt

Prophet

Teilen

Umkehr

Zeichen

Jesus lässt sich taufen

Da sind Menschen im flachen Wasser, im Fluss Jordan, der durch die Wüste fließt. Einer hat sich hingekniet. Er hält den Kopf gesenkt. Ein anderer steht vor ihm. Er ist nur mit Fetzen bekleidet. Um den Bauch hat er einen Strick. Er schaut hinab auf den, der im Wasser kniet.

Der da steht, das ist Johannes, den sie den Täufer nennen. Der da kniet, das ist Jesus, der Mann aus Nazaret, fünfunddreißig Jahre alt. Niemand kennt ihn bisher.

Bisher war er bei seiner Familie in Nazaret. Bald wird man ihn kennen. Jetzt ist er an den Jordan gekommen – zur Taufe.

Johannes soll ihn untertauchen. Jesus schaut Johannes an: »Taufe mich!«

Johannes ist sehr nachdenklich. Eine Frage geht ihm nicht aus dem Kopf. Dieser Jesus hier – ob er der Messias ist, auf den ich so lange schon warte? Ist es der, für den ich den Weg bereiten will, alle Hindernisse beseitigen … Ist es der?

Johannes ist nachdenklich: So viele Menschen habe ich getauft. In Scharen sind sie zu mir gekommen, aus Jerusalem, aus Judäa und aus der ganzen Gegend hier am Jordan. Ich habe sie laut angeschrien, dass es ihnen durch und durch ging: »Ändert euch! Kehrt um! Glaubt ja nicht, dass ihr etwas Besseres seid. Wenn ihr denkt, ihr seid wie ein guter Baum mit guten Früchten – es gibt auch schlechte Bäume. Die Axt liegt schon bereit, sie an der Wurzel abzuschlagen und sie im Feuer zu verbrennen!

Der Täufer am Jordan

Ja, ich bin wie die Stimme eines Rufers in der Wüste.« Johannes ist nachdenklich: Gerufen haben sie: »Was sollen wir denn tun? Wir wollen ja umkehren. Wir wollen uns ja ändern. Wir wollen sein wie ein guter Baum. Hilf uns doch dazu!« Und ich habe gerufen: »Dann teilt! Gebt ab von dem, was ihr übrig habt. Wer zwei Mäntel hat, der gebe dem, der keinen Mantel hat. Wer genug zu essen hat, der teile mit dem, der nichts hat!«
Und sie: »Ja, das wollen wir tun!«
Und da habe ich sie getauft. Als Zeichen ihrer Umkehr. Jetzt aber: Dieser Jesus. Der ist mehr als ich. Ich bin nicht wert, ihm die Riemen seiner Sandalen zu lösen. Ich taufe mit Wasser. Der aber wird taufen mit Geist und mit Feuer. Der wird die Spreu vom Weizen trennen. Die Spreu aber wird er verbrennen.

Johannes ist verwirrt: Ist er der Messias, auf den ich warte? Ist er's? Dann müsste er mich taufen. Und nicht ich ihn.

Johannes ist sehr verwirrt. Aber dann tut er's. Er taucht Jesus unter im Wasser. Er tauft ihn. Und Jesus kommt heraus aus dem Wasser. Er betet.

Und da schwebt eine Taube vom Himmel herab. Es ist, als sei der Himmel offen, es ist, als höre man eine Stimme. Und Jesus weiß: Gott ist mein Vater. Er sendet mich. Er hat mich lieb.

nach Lukas 3,1-22

Die gute Nachricht in Galiläa

Arme

Barm-
herzigkeit

Botschaft

Gottes-
herrschaft

Heil

Hoffnung

Liebe

Messias

Trost

Vertrauen

Zum Text: *Was Jesus in Galiläa ausruft, ist die Stunde des Heils, das Hier und Jetzt der anbrechenden Herrschaft, der ›neuen Welt‹ Gottes. Das ist eine Botschaft voll Freude und Trost für alle einfachen Menschen, eine Botschaft, die den Armen und Notleidenden Hoffnung vermittelt. Ob Jesus indes der vom Volk Israel lang ersehnte Messias, der von Gott eingesetzte König ist, bleibt eine offene Frage.*

Gott ist mitten unter euch

Und dann beginnt es in Galiläa. 35 Jahre ist Jesus alt. Und er ist erfüllt vom Geiste Gottes.
Und man sieht ihn mitten unter den Menschen – in den Dörfern, auf den Straßen, auf den Marktplätzen. Überall. Und er ist nicht mehr ruhig, nicht mehr still, nein, er ist Feuer und Flamme: »Hört mich!«, ruft er, »hört: Gott ist mitten unter euch! Gott will euch helfen! Jetzt! Heute! Jeden Tag! Es soll jetzt besser werden mit euch!«
Besser mit uns? Sie können es kaum glauben, die einfachen Leute in ihren kleinen Häusern, die Armen und Bedrückten. So lange haben sie schon gewartet auf einen, der sie befreit von ihrer Not, auf einen, der von Gott kommt.
Er aber ruft und ruft. Er kann gar nicht mehr aufhören: »Kommt zu mir! Kommt zu Gott! Wer hungert, wird satt sein. Wer weint, wird fröhlich sein. Gott zeigt euch Barmherzigkeit. Gott zeigt euch Liebe!«
Da horchen sie auf: ›So hat noch keiner zu uns gesprochen. So lebendig. So ganz anders als die Schriftgelehrten!‹

Und sie fangen an, ihm zu vertrauen, ihm zu glauben: »Ja«, sagen sie: »Du zeigst uns, dass auch wir etwas sind. Du gibst uns Kraft, unser schweres Leben zu bestehen!« Manche raunen: »Dieser Jesus ist der Messias, auf den wir so lange schon warten.« Jesus sagt: »Ich bin es nicht! Aber kommt zu mir, alle, die ihr so schwer tragen müsst. Ich will euch Frieden schenken und Ruhe!«
Sie schauen ihn an. Er sieht aus wie einer von ihnen: Langes Untergewand, Gürtel, Obergewand, ein Tuch auf dem Kopf, nach hinten herabhängend, Riemensandalen an den Füßen. Braun sind seine Augen, dunkel Haare und Bart. Er ist wie sie. »Nein, er ist anders«, sagen sie: »Diese Stimme! Und diese Augen! – Der weiß mehr«, sagen sie: »Vielleicht ist es wahr und er kommt von Gott!«
Dies alles geschieht in den Tagen, da der Täufer Johannes gefangen liegt in der Festung Machärus. Dies alles geschieht in den Dörfern am See Gennesaret.

nach Markus 1,14-15

Zum Text: *Die ersten Menschen, die eine Gruppe um Jesus bilden, sind nach dem Zeugnis der ersten drei Evangelien die Fischer Petrus und Andreas, Johannes und Jakobus. Ein Ruf von hoher Dringlichkeit ergeht an sie. Von einer ganz unmittelbaren Geisteskraft zeugt dieser Ruf Jesu. Dennoch, dass die Fischer alles im Stich lassen – es grenzt an ein Wunder.*

Er beruft Menschenfischer

von Hermann-Josef Frisch

Der See Gennesaret in der Landschaft Galiläa ist groß. So groß, dass man an manchen Tagen nicht bis ans andere Ufer sehen kann. Manchmal kommt auch ein Sturm auf, dann peitscht das Wasser hoch auf. An solchen Tagen ist es gefährlich, mit dem Boot auf den See hinauszufahren.

Doch die Fischer vom See Gennesaret tun dies. Bei jedem Wetter steigen sie in ihre kleinen Holzboote und fahren hinaus, um Fische zu fangen. Dazu braucht man viel Geschicklichkeit und Kraft.

Und auch ein bisschen Glück. Im See gibt es zwar viele Fische, aber die Fischer wissen nie genau, wo die Fischschwärme herumschwimmen. An manchen Tagen haben sie Glück, dann ist ihr Netz voll mit kleinen, silbern glänzenden Fischen, an anderen Tagen wiederum fangen sie nichts. Müde und enttäuscht kommen sie dann nach Hause. Aber am nächsten Tag fahren sie erneut hinaus. Sie können sich nicht vorstellen, dass es für sie eine andere Arbeit geben kann. Der See ist ihre Heimat, ihr kleines Boot ist wie ein Zuhause.

Petrus und sein Bruder Andreas gehören zu den Fischern. Sie wohnen in dem Fischerort Kafarnaum. Auch die Brüder Jakobus und Johannes sind Fischer. Heute fischen die vier mit ihren beiden Booten nicht weit vom Ufer. Sie sind eifrig bei der Sache. Den Mann, der am Ufer steht, beachten sie zuerst gar nicht. Sie kennen ihn noch nicht.

Da ruft er ihnen etwas zu und winkt. Die Brüder schauen sich an. Dann tun sie etwas Überraschendes: Sie ziehen ihre Netze in die Boote und rudern bis zum Ufer. Der Fremde nickt freundlich.

»Gut, dass ihr gekommen seid«, sagt er. »Ich bin Jesus aus Nazaret. Gott hat mir einen Auftrag gegeben, denn eine neue Zeit bricht an: Das Reich Gottes, auf das die Menschen in unserem Land schon so lange warten, ist gekommen. Die Not wird ein Ende haben, denn alle dürfen zu Gottes Reich gehören, alle sind Gottes Freunde. Überallhin will ich diese Gute Nachricht bringen. Doch das kann ich nicht alleine. Ich brauche Menschen, die mit mir ziehen und die Frohe Botschaft weitersagen.«

Und er fährt fort: »Ihr seid starke Männer, die sich einsetzen. Euch kann ich gebrauchen. Kommt, verlasst eure Boote. Seid meine Freunde und zieht mit mir durch ganz Galiläa. Nicht länger sollt ihr Fische fangen. Nein, wenn ihr meine Freunde seid, sollt ihr Menschen für Gott fangen!«

Das ist unerhört. Petrus schaut seinen Bruder Andreas fassungslos an. Der junge Fischer Johannes weiß sich vor Erstaunen nicht zu fassen. Sie sollen ihre Boote zurücklassen und mit diesem Mann ziehen, um Gottes Gute Nachricht den Menschen zu erzählen – sie, die Fischer vom See? Das kann doch nicht sein. Noch einmal spricht Jesus: »Kommt her, folgt mir nach! Ich werde euch zu Menschenfischern machen.«

Es geht eine große Kraft von Jesus aus. Die vier Fischer spüren, ihm kann man vertrauen. Langsam steigen sie aus ihren Booten, zögernd gehen sie auf Jesus zu.

»Schalom«, sagt Jesus, »Friede sei mit euch!« Und sie antworten ebenso: »Schalom – Frieden.« Dann gehen sie mit ihm den Weg am Ufer entlang nach Kafarnaum. Ihre Boote bleiben zurück, auch die anderen Fischer, auch Zebedäus, der Vater von Johannes und Jakobus. Alles lassen sie zurück, denn sie haben einen Freund gewonnen. Nichts, was bisher war, ist noch wichtig.

Eine neue Gemeinschaft ist gegründet – die Gemeinschaft der Freunde Jesu. Ein erster Anfang, aus dem viel wachsen wird.

nach Markus 1,16-19

Die gute Nachricht in Galiläa

Zum Text: *Wieder ein frei erzählter Text, der an verschiedenen Bibelstellen Anhalt hat. Es geht um die Unsicherheit im Alltag, die die Nachfolge mit sich bringt. Doch die Begeisterung der jungen Leute in der Jesus-Gemeinschaft – Frauen unter ihnen – ist groß.*

Junge Männer und Frauen in der Jesusgemeinschaft

Zwölf Stämme hat das Volk Israel. Zwölf junge Männer gehen mit Jesus als seine Schüler. Die vier Fischer sind es; es ist Philippus aus dem Fischerdorf Betsaida am See – auch Petrus stammt von dort –, es ist Bartholomäus, der Sohn des Tolmai, es ist Matthäus (Levi), ein Steuerpächter aus Kafarnaum am See, es ist Tomas, der Zwilling, es sind Jakobus, Sohn des Alphäus, Taddäus, der Mutige, Simon, der Zelot, der ein heimlicher Kämpfer war gegen die Römer, und Judas aus Kariot, der Jesus später ausliefern wird.

Alle hat Jesus in seinen Bann gezogen. Alle hat er angesteckt. Sie wollen nicht mehr lassen von ihm. Sie wollen unterwegs sein mit ihm. Sie wollen von ihm lernen.

Er schaut sie an: »Wisst ihr wirklich, worauf ihr euch einlasst? – Auf ein unsicheres Leben! Ein Fuchs hat seine Höhle, ein Vogel sein Nest. Ihr habt jetzt kein Zuhause mehr, kein Bett für euren Schlaf!«

Sie aber zögern nicht. Sie wollen alles tun, die neue Welt Gottes zu erlangen. Sie wollen alles tun, diese jungen Leute, die neue Welt Gottes zu verkünden. Sie wollen lernen von Jesus, wie man das macht, Menschen fangen für Gott.

Und dann geschieht etwas Unglaubliches: Frauen, die sonst so wenig geachtet sind, Frauen kommen zu Jesus. Sie wollen mit ihm gehen, auch seine Schülerinnen sein. Auch sie wollen da sein für die neue Welt Gottes. Das gab es bisher nicht. Bisher gingen immer nur Männer mit einem Lehrer. Jesus aber nimmt sie auf in die Gemeinschaft. Maria aus dem Dorf Magdala am See kommt. Susanna kommt. Johanna kommt, die Frau des Chuzas, der ein Verwalter der Güter des Herodes Antipas ist. Johanna ist nicht unvermögend. Sie kann die neue Gemeinschaft in vielem unterstützen.

So ziehen sie denn durch Galiläa – auf staubigen Wegen. Die große Römerstraße nach Jerusalem meiden sie. Heut sind sie in den Bergen, morgen am See. Manchmal bleiben sie nur kurz in einem Ort, manchmal länger.

Sie leben einfach. Meist haben sie nur wenig zu essen im Vorratsbeutel: ein paar Stücke Brot, etwas Käse, getrocknete Feigen, Oliven. Sie leben von der Hand in den Mund. Betteln müssen sie nicht. Immer geben ihnen die Menschen zu essen, oft von dem Wenigen, das sie selbst haben. Denn die Menschen in Galiläa sind gastfreundlich. Und nachts nehmen Jesus und seine jungen Freunde das Obdach, das ihnen geboten wird. Manchmal schlafen sie auch unter den Sternen.

Nur eins wollen die jungen Leute: Mit Jesus zusammen sein, lernen von ihm. Sie sorgen sich nicht. Sie sind ohne Angst vor dem, was morgen kommt. Jesus hat es sie gelehrt: »Sorgt euch nicht! Fragt nicht voller Angst: ›Was werden wir essen? Was werden wir trinken?‹ Euer Vater weiß doch, was ihr braucht. Seht die Raben: Sie säen nicht, sie ernten nicht. Sie sammeln nicht in Scheunen. Und Gott ernährt sie doch. Seht die Blumen auf dem Feld. Sie spinnen nicht. Sie weben nicht. Und nicht einmal König Salomo in all seiner Pracht war gekleidet wie sie!«

Begeistert ist Jesus, wenn er so etwas sagt. Und die jungen Leute sind es auch. Oft sind sie fröhlich. Dann tanzen sie. Alle aus der Jesus-Gemeinschaft, aus der Familie Gottes, Männer und Frauen. Sie wissen: Wenn wir anklopfen, wird uns aufgetan. Wenn wir bitten, wird uns gegeben. Wenn wir suchen, werden wir finden. Gott lässt uns nicht allein.

Zum Text: *So etwa dürfte Jesus seine Mission verstanden haben: Armen (Kranke aller Art zählen dazu) beizustehen, Blinden (real Blinden, wie solchen, die ›blind‹ sind für Gott) die Augen zu öffnen, Unterdrückte (alle, die am Rand der Gesellschaft stehen) aufzurichten. Insofern ist die Erzählung von der Synagogenpredigt in Nazaret zentral für das Bild, das wir von der Wirksamkeit des geschichtlichen Jesus haben.*

Auftrag

Auslegung

Erfüllung

Lesung

Neue Zeit

Prophet

Rettung

Schabbat

Selbst-
bewusstsein

Synagoge

Zorn

In Nazaret sagt er, wozu er gekommen ist

Und dann ist Jesus in Nazaret, in seiner Heimatstadt. Es ist Schabbat, der Tag frei zur Freude am Miteinandersein, zur Freude am guten Essen, der Ruhetag, frei für die Schönheit des Lebens und das Lob Gottes. Sogar die Frauen können sich ausruhen. Am Abend vorher haben die Leute von Nazaret wie überall den Schabbat feierlich begrüßt mit leuchtenden Kerzen, gemeinsamem Essen und dem Lobe Gottes.

Es ist am Morgen. Jesus geht in die Synagoge, wo er gelernt hat als Kind beim Rabbi. Auch seine Mutter Maria ist da.

Die Öllämpchen auf der Menora brennen. Jesus ist bei den Männern. Er trägt den Gebetsmantel. Der Segen ist gesprochen. Sie haben das ›Schmah, Israel‹ gesungen. Die Lesung aus der Tora-Rolle ist beendet. Und als der Diener die Rolle mit Worten des Propheten Jesaja bringt, steht Jesus auf. Er tritt ans Lesepult. Er öffnet die Rolle. Und er wählt die Stelle, in der es heißt: ›Gott hat mich mit seinem Geist erfüllt. Er hat mir den Auftrag gegeben, den Armen gute Nachricht zu bringen, den Gefangenen zu verkünden, dass sie frei sind, den Blinden, dass sie Sehende werden, den Unterdrückten, dass alle Unterdrückung jetzt aufhört. Und eine Zeit wird sein, in der Gott beginnt, sein Volk zu retten.‹

Jesus schließt die Rolle. Alle blicken voller Spannung auf ihn: Was wird er jetzt sagen?

Jesus schaut sie an: »Dies alles geht ab heute in Erfüllung. Von heute an wird es geschehen, in diesem Augenblick, da ihr es hört!«

Da sind sie erstaunt, hoch verwundert: »Woher hat er das?«, fragen sie, »diese Klugheit? Dieses Selbstbewusstsein, das Prophetenwort so auszulegen?« Sie sehen ihn an: »Ist nicht Maria, diese einfache Frau unter uns, deine Mutter? Sind nicht Jakobus, Josef, Simon und Judas, alles einfache Leute, deine Brüder? Und leben nicht deine Schwestern hier bei uns? Nein, du kannst nicht ein so großer Prediger sein. Auch du bist nur ein einfacher Mann!«

Jesus schaut sie an: »Sicher werdet ihr jetzt sagen: ›Wenn du anderswo große Dinge tust, dann tu sie doch auch hier, in deiner Heimatstadt!‹ Aber hier glaubt man mir nicht. Ein Prophet wird überall geachtet, nur nicht in seiner Heimat, bei denen, die ihn kennen, bei seiner Familie, bei seinen Verwandten!«

Da werden sie wütend, als sie das hören. Da jagen sie ihn aus der Synagoge hinaus bis an den Rand des Berges nahe Nazaret.

Jesus aber geht hin und tut all das, was er angesagt hat: Er kommt zu den Armen, ihnen die Gute Nachricht zu bringen. Er kommt zu den Kranken, die in ihrer Krankheit gefangen sind oder darin, dass sie ausgestoßen wurden. Er kommt zu den Blinden, dass sie sehend werden. Er kommt zu den Unterdrückten, dass alle Unterdrückung aufhört.

nach Lukas 4,16-30

Jesus ist ein Lehrer

Zum Text: *Einerseits ist Jesus Prophet der kommenden Gottesherrschaft, andererseits ist er Lehrer (Rabbi), der das Gesetz (die Tora) auslegt – oft überraschend anders als die studierten Gesetzeslehrer, die Schriftgelehrten. Jesus lehrt auch in der freien Natur, nicht nur in der Synagoge, wie die Schriftgelehrten sonst. In seiner Lehre verfügt Jesus über einen großen Reichtum an Bildern. Vor allem: Er lehrt seine Jüngerinnen und Jünger auch in rechter Weise zu beten.*

Er lehrt sie vieles

Sie nennen Jesus ›Rabbi‹, ›Lehrer‹. Dabei hat er nie ›studiert‹, nie bei einem Meister der Schriftauslegung gelernt, wie die Schriftgelehrten sonst. Aber er kennt die Schrift, die Hebräische Bibel, durch und durch.

Jesus sagt: »Das Gesetz, die Tora, die Weisung für das Leben, so wie sie in der Schrift steht, ist wichtig. Ich halte mich daran. Ich bin nicht gekommen, das Gesetz abzuschaffen. Aber ich will euch zeigen, wie ihr menschlicher damit leben könnt.« Und Jesus lehrt: »Handelt gegenüber euren Mitmenschen so, wie ihr von ihnen behandelt werden wollt. Das ist im Grunde schon das ganze Gesetz, die Weisung für euer Leben. Liebt euren Mitmenschen, euren Nächsten, wie ihr euch selbst liebt!

Seid vorsichtig mit Verurteilungen! Wie schnell seht ihr den Splitter im Auge eures Mitmenschen und nicht den Balken im eigenen Auge!

Leidet lieber Unrecht, als dass ihr es tut. Wenn euch jemand ungerechterweise auf die Backe schlägt, schlagt nicht zurück! Nicht Auge um Auge, Zahn um Zahn, wie manche meinen. Haltet lieber die andere Backe auch noch hin. Auch wenn es schwer fällt. Das heißt wirklich etwas tun für den Frieden.

Habt die lieb, die euch Feind sind. Auch wenn es schwer fällt. Tut denen Gutes, die euch hassen. Dann seid ihr Gott ganz nahe!

Schaut die Welt ganz unbefangen an«, lehrt Jesus, »dann werdet ihr sie auf einmal im strahlenden Licht Gottes sehen!

Es ist doch unsinnig«, sagt er, »ein brennendes Öllämpchen unter eine Schüssel zu stellen. Da kann es nur erlöschen. Es gehört auf den hohen Leuchter! Lasst es brennen, euer Licht! Lasst es leuchten in der Welt! Ihr seid das Licht in der Welt!

Ihr seid das Salz der Erde«, sagt Jesus, »ihr durchdringt alles. Wenn nicht, seid ihr schlechtes Salz!«

Gott steht auf der Seite der Armen«, sagt Jesus, »auf der Seite der Hungernden, auf der Seite der Weinenden und Leidenden, auf der Seite der Friedliebenden, auf der Seite der ungerecht Verfolgten, auf der Seite derer, die nichts aus sich machen, die ein reines Herz haben, auf der Seite derer, die auf ihn hoffen und die barmherzig sind. Die alle sind immer bei ihm.

Wer auf mich hört«, sagt Jesus, »der gleicht dem klugen Mann, der sein Haus auf Felsengrund baute und nicht auf Sand. Darum sperrt eure Ohren auf! Hört!«

Einige sagen: »Rabbi, du redest gut. So wie du hat noch keiner zu uns gesprochen. Du kennst das Gesetz, die Propheten, die Schrift. Aber du lehrst ganz ungewöhnlich, ganz anders als die Schriftgelehrten. Du lehrst wie einer, der Macht hat von Gott!«

Andere sind verunsichert: »So hat noch nie einer zu uns gesprochen. Was sollen wir davon halten? Wie sollen wir damit umgehen?«

Und Jesus lehrt sie, zu Gott zu beten. Manchmal entfernt er sich von ihnen, geht in die Einsamkeit, um allein zu sein mit Gott.

Einmal kommt er zurück. Und da spricht er über das Beten: »Leiert eure Gebete nicht herunter! Macht nicht so viele Worte! Stellt euch nicht groß hin! Betet im Verborgenen zu eurem Vater, der im Verborgenen ist. Bittet unaufhörlich! Liegt Gott in den Ohren, wie jene Witwe dem ungerechten Richter in den Ohren lag, ihr Recht zu bekommen, unaufhörlich, bis er endlich sagte: ›Jetzt reicht's mir. Mag sie ihr Recht haben!‹ Betet so«, sagt Jesus: »Du, unser Vater:

Dein Name werde heilig gehalten.

Deine neue Welt komme.

Dein Wille geschehe.

Gib uns heute, was wir zum Leben brauchen.

Vergib uns, wenn wir schuldig werden.

Auch wir wollen vergeben.

Beschütze uns vor dem Bösen.

Amen.«

nach Matthäus 5-7

Zum Text: *Jesus findet seine Vergleiche (Gleichnisse) für die neue Welt Gottes (das Reich Gottes) in der Alltagswelt seiner Zeit, im bäuerlichen Leben (Saat und Ernte), im häuslichen Leben (Brot backen, Salz gebrauchen, ein Licht anzünden), im Garten (eine Senfstaude ziehen), wie in Bildern, die jedem geläufig sind (Schatz, Perle).*

Freiheit

Freude

Frucht

Kraft

Neue Welt Gottes

Sämann

Veränderung

Saatkorn und Frucht – Sauerteig und Senfstaude – Schatz und Perle

Sie ziehen durch Galiläa. Am Weg ernten Bauern und Bäuerinnen das Korn mit der Sichel. Andere dreschen. Andere worfeln. Wieder andere pflügen das abgeerntete Feld neu. Wieder andere säen. Wieder andere pflügen die neue Saat unter.

Jesus sieht mehr dahinter. Und er erzählt: »Das Saatkorn wächst über Nacht. Es sprosst und wird zum Halm, dann zur Ähre mit Körnern. Alles ohne Zutun des Menschen.«

»Ein Sämann wirft den Samen aus«, erzählt Jesus: »Einige Körner fallen auf den Weg. Vögel kommen und picken sie auf. Einige Körner fallen auf felsigen Untergrund. Sie können keine Wurzeln schlagen. Einige Körner fallen ins Dornengestrüpp. Alles, was aufwächst, wird von den Dornen erstickt. Einige Körner fallen in gute Erde. Die Halme wachsen empor und bringen gute Frucht, manche Ähren mit 30, manche mit 60, manche mit 100 Körnern!«

»So ist es mit der neuen Welt Gottes«, sagt Jesus: »Sie kommt über Nacht. Aber nicht überall kann sie sich erfolgreich durchsetzen.«

»Die neue Welt Gottes kann bestehen neben der Welt des Bösen«, sagt Jesus. »Darum soll das Unkraut unter dem Weizen nicht ausgerissen werden. Der Weizen selbst könnte Schaden nehmen dabei.«

»Versteht mich«, sagt Jesus: »Gott lässt seine Sonne aufgehen über Böse und Gute. Er lässt regnen über Gerechte und Ungerechte. Und merkt euch das eine«, sagt Jesus: »Ihr seid frei in euren Entscheidungen, in euren Handlungen. Ihr könnt das Gute tun, aber auch das Böse.« Jesus weiß, man kann sich von Gott kein Bild machen. Man kann ihn und seine neue Welt nur mit etwas vergleichen, mit etwas, das sich verändert. Dann können die Menschen etwas von Gott verspüren.

»Gott durchdringt alles«, sagt Jesus, »so wie der Sauerteig den Brotteig durchdringt. Und ihr, meine Freunde und Schüler«, sagt Jesus, »ihr sollt die ganze Welt durchdringen, so wie das Salz das Wasser durchdringt. Ihr sollt euer Licht leuchten lassen weit über die Welt, als stände es auf einem hohen Berg.«

»Die neue Welt Gottes wird sich ausbreiten«, sagt Jesus, »nach allen Seiten hin, groß und immer größer. So wie die Senfstaude im Garten, hervorgekommen aus einem winzigen unscheinbaren Samenkorn, groß und immer größer wird, sodass schließlich die Vögel des Himmels ihr Nest darin bauen.«

»Mit Gottes neuer Welt«, sagt Jesus, »ist es wie mit einem Schatz, verborgen im Feld, eingegraben, versteckt. Ein Mensch kommt. Er findet den Schatz. Schnell vergräbt er ihn wieder. Er ist aufgeregt. Er läuft. Er verkauft alles, was er hat. Denn er will nur eins: Diesen Schatz. Er kauft das Feld. Er ist voller Freude. So ist es mit Gottes neuer Welt«, sagt Jesus, »wie mit einer Perle, einer großen wertvollen wunderschönen Perle. Da ist ein Perlenhändler. Er sucht edle Perlen. Und er findet diese Perle. Er geht hin. Er verkauft alles, was er hat. Er kauft diese Perle. Er ist voller Freude.«

nach Matthäus 13,1-45

Jesus hat gute Vergleiche

Zum Text: Die Lehrform der Gleichnisse (Bildgeschichten) ist bei Jesus Verkündigung selbst. So wussten bei der Erzählung der Geschichte vom gütigen Vater die Umstehenden sogleich, dass Jesus von Gott sprach, dem Vater, der, anders als manche Väter sonst, immer vergebungsbereit ist, der zur Mitfreude aufruft, wenn einer umzukehren vermag.

Der Vergleich mit dem gütigen Vater

von Ulrich Walter

Als sich die Schriftgelehrten beschweren: »Jesus, warum gehst du immer zu denen, die so offensichtlich den Willen Gottes verleugnen?«, da antwortet er ihnen mit einer Geschichte von einem Vater und seinen beiden Söhnen, einer Geschichte vom Verlorengehen und Wiedergefundenwerden, vom Suchen und Finden.

Ein Vater lebt mit seinen beiden Söhnen auf einem großen Hof. Der Jüngere von den beiden ist ein lebhafter Junge. Den ganzen Tag über gibt es für ihn auf dem Hof etwas zu entdecken. Und oft vernachlässigt er darüber seine Arbeit.

Da macht sich sein Vater Gedanken über ihn: Ob er seinen Weg findet?

Der ältere Sohn ist ganz anders als sein Bruder. Er ist eher zurückhaltend, redet wenig, bleibt zu Hause und arbeitet auf den Feldern seines Vaters. Nicht, dass er nicht auch Träume und Wünsche hätte, doch er ist zufrieden mit dem Leben, so wie er es auf dem Hofe vorfindet.

Eines Tages geht der jüngere Sohn zu seinem Vater und sagt: »Vater, gib mir das Erbteil, das mir zusteht. Ich möchte es ausbezahlt haben, denn ich will nun in die Welt hinaus gehen und mein Glück suchen.« Und es geschieht so, der Vater zahlt ihm das Erbe aus.

Der jüngere Sohn packt seine Sachen, verabschiedet sich und zieht los. Er will die Welt entdecken. Er will sein Glück finden. Und es geht ihm gut dabei. Ein Mensch wie er, der braucht nicht lange zu suchen, er findet schnell Freunde. Er macht sich keine Gedanken um den nächsten Tag. Warum auch? Er hat alles, was er will: Essen und Trinken, viele Freundinnen und Freunde. Mit seinem Geld kann er sich jeden Wunsch erfüllen.

Doch mit dem Geld ist das so eine Sache. Eines Tages ist es aufgebraucht. Und dann merkt er: Schnell sind auch alle seine Freunde fort. Ganz still wird es um ihn. Er denkt bei sich: »Was habe ich nur gemacht? Mein Erbteil, das mir mein Vater gegeben hat, es ist nicht mehr da. Meine Freunde sind weg, ich habe nichts mehr zu trinken und zu essen. So habe ich mir das nicht vorgestellt. Was soll ich nur tun?«

Der Hunger wird immer größer, aber niemand gibt ihm etwas zu essen. Endlich findet er Arbeit auf einem Bauernhof, als Schweinehirt. Manchmal, wenn niemand hinsieht, greift er in die Bottiche mit dem Fraß der Schweine. So groß ist sein Hunger.

Nichts mehr ist geblieben von seiner Fröhlichkeit. Immer öfter kommt ihm jetzt sein Vater in den Sinn. Aber dann sagte er sich: »Das ist nicht mehr dein Zuhause. Du selbst hast es so gewollt.« Doch der Gedanke an seinen Vater lässt ihn nicht los. »Dem untersten Knecht auf dem Hofe meines Vaters geht es besser als mir. Ich werde zu meinem Vater zurückkehren. Ich werde ihm sagen: ›Vater, nach allem, was ich getan habe: ich verdiene nicht, dass ich dein Sohn bin. Aber bitte, lass mich bei dir arbeiten.« Ja, das will er seinem Vater sagen.

Er macht sich auf den langen Weg nach Hause. Langsam geht er, denn seine Schritte sind schwer. Immer wieder sagt er den Satz: »Ich verdiene nicht, dass ich dein Sohn bin, aber lass mich als Knecht bei dir arbeiten.« Endlich taucht in der Ferne der Hof seines Vaters auf.

Der Vater hat über die Jahre seinen Sohn nicht vergessen. Und als er ihn von weitem sieht, läuft er ihm entgegen, fällt ihm um den Hals und küsst ihn. Lange stehen sie so da: Der alte Vater, stattlich gekleidet, und sein jüngster Sohn, abgerissen, dreckig und weinend. Nach einiger Zeit flüstert der Sohn: »Vater, meine Wege waren falsch. Ich bin nicht wert, dein Sohn genannt zu werden.« Doch was macht der Vater? Er ruft alle auf dem Hof zusammen: »Schnell, schnell! Holt Kleider und Schmuck, sorgt für meinen Sohn, steckt ihm einen Ring an und gebt ihm das Festkleid. Und ihr anderen, schlachtet das Mastkalb! Wir wollen feiern und fröhlich sein!

Seht her, mein Sohn ist wieder da! Er war tot, und jetzt ist er wieder lebendig. Er war verloren und ist wiedergefunden.«

Und sie feiern ein großes Fest.

Am Abend kommt der ältere Sohn von der Feldarbeit nach Hause.

Schon von ferne hört er Musik und Tanz. Er winkt einen Knecht zu sich. »Was ist hier los?« – »Stell dir vor, dein Bruder ist zurückgekehrt. Dein Vater freut sich so sehr, dass er das Mastkalb schlachten ließ. Komm hinein, das Fest ist schon in vollem Gange.« Zornig wendet sich der Ältere ab. »Ich betrete dieses Haus nicht!« Das hört der Vater und geht hinaus zu seinem Ältesten. Der ist ärgerlich: »Jahrelang schufte ich für dich, Tag für Tag. Nie hast du für mich ein Fest ausgerichtet. Und jetzt feierst du mit diesem Nichtsnutz?« Der Vater schaut ihn an und sagt: »Mein Sohn, du bist immer bei mir. Was mir gehört, das gehört dir. Dein Bruder aber war tot, doch er ist wieder lebendig. Er ist verloren gegangen. Aber nun ist er wiedergefunden und zurückgekehrt zu mir und zu dir. Komm doch herein zu ihm!«

nach Lukas 15,1-2; 11-32

Jesus zeigt, wie man für Gott leben kann

Zum Text: *Die Geschichte vom barmherzigen Samaritaner erzählt beispielhaft von der wahren Liebe zum Nächsten. Der Überfallene ist ein Jude. Juden und Samaritaner sind einander nicht freundlich gesinnt. Doch ohne zu zögern tut der Samaritaner, was die Not des andern erfordert. Dieses Handeln hebt Jesus vor dem fragenden Gesetzeslehrer hervor. Wer seinen Mitmenschen so liebt, den liebt auch Gott.*

Fremder

Helfen

Liebe

Mitmensch

Not

Überfall

Versagen

Der hilfsbereite Mann aus Samarien

Für Gott leben, das möchte ich wohl.« So sagen viele. So sagt auch der Gesetzeslehrer, der zu Jesus kommt, der ihn fragt. »Was muss ich tun, dass ich richtig für Gott lebe? Ich möchte bei Gott sein auf immer und ewig. Was muss ich tun?«

Jesus sagt: »Du weißt es doch selbst. Was steht im Gesetz? Was liest du?«

Er sagt: »Lieb haben sollst du den Herrn, deinen Gott, aus deinem ganzen Herzen und mit deinem ganzen Leben. Und deinen Mitmenschen sollst du lieben wie dich selbst.«

»Gut geantwortet«, sagt Jesus. »Gehe hin! Tu so! Dann bist du ganz bei Gott.«

Er aber sagt: »Wer ist denn mein Mitmensch? Auch der Fremde, der nicht zu meinem Volk gehört?«

Jesus sieht ihn an. Und schon erzählt er: »Ein Mensch kommt aus Jerusalem, ein Jude. Er geht den Weg nach Jericho hinab durch Wüste und Wildnis. Kahle Berge, Steine und Sand. Einsam und heiß und brennende Sonne.

Räuber liegen im Hinterhalt. Die überfallen ihn. Die nehmen ihm alles weg. Die ziehen ihn aus. Die schla-

Jesus zeigt, wie man für Gott leben kann

gen ihn blutig. Dann machen sie sich davon. Sie lassen ihn liegen. Am Weg, halb tot.

Da liegt er in der heißen Sonne. In der Einsamkeit. Er schreit.

Da kommt ein Priester den Weg herab. Er kommt vom Tempel in Jerusalem. Er hat geopfert. Er hat gebetet. Er sieht den Mann dort liegen. Er hört, wie er schreit. Er sieht weg. Schnell geht er weiter. Hat er Angst? Denkt er an die Räuber? Er sieht weg. Er läuft davon.

Wieder kommt jemand den Weg herab. Es ist ein Tempeldiener vom Tempel in Jerusalem. Der sieht den Mann dort liegen. Er hört ihn schreien. Er sieht weg. Schnell geht er weiter.

Der am Weg, der blutet. Er quält sich in der heißen Sonne.

Wieder kommt jemand den Weg herab auf seinem Reittier. Es ist ein Fremder, einer aus Samarien vom Volk der Samaritaner. Die sind den Juden sehr verhasst. Und der am Weg, das ist ein Jude.

Der Samaritaner sieht ihn liegen. Da wird ihm weh ums Herz: »Wie er da liegt. Wie er blutet. Seine Schmerzen. Ich muss ihm helfen.«

Und schon steigt er ab. Er nimmt den Weinschlauch vom Reittier. Er reinigt seine Wunden vorsichtig mit Wein. Er nimmt einen anderen Schlauch. Er gießt ihm Öl in die Wunden. Das lindert. Das heilt. Er verbindet ihm die Wunden. Er richtet den Mann auf. Er setzt ihn auf sein Reittier. Er führt ihn fort.

Sie kommen an eine Unterkunft. Er bringt den Menschen hinein. Er kümmert sich um ihn. Er bleibt bei ihm, die ganze Nacht. Am nächsten Morgen muss er weiter. Da gibt er dem Wirt zwei Silberstücke, zwei Denare: »Sorge für ihn, bis er gesund ist. Und wenn du mehr brauchst – ich komme zurück. Ich werde dir alles bezahlen.«

Jesus schaut den Gesetzeslehrer an: »Was denkst du? Wer war für diesen der Mitmensch, für den, der unter die Räuber fiel?« Er sagt: »Der ihm geholfen hat, der Fremde, der Samaritaner.« »Gehe hin«, sagt Jesus: »Tue genauso. Dann bist du ganz bei Gott!«

nach Lukas 10,25-37

Jesus heilt viele

Befreiung

Besessen-
heit

Heilung

Kraft

Krankheit

Neue Welt
Gottes

Predigt

Synagoge

Zum Text: *Jesus besaß die charismatischen Kräfte eines Heilers. Daran lassen die Ausleger des Neuen Testamentes keinen Zweifel. Durch Geist und Kraft heilte er die Schwiegermutter des Petrus. Und Jesus war Exorzist, im positiven Sinne ›Beschwörer‹. Durch die Macht seines Wortes vermochte er den Mann in der Synagoge von dessen Geisteskrankheit zu befreien. Und Jesus gab eine eindeutige Erläuterung seines Handelns: ›Das ist kein Teufelswerk! Das geschieht durch Gott!‹*

Die Schwiegermutter des Petrus – Ein geisteskranker Mann

Jesus kommt nach Kafarnaum am See. Hier ist er sehr häufig. Hier erfahren die Leute viel von ihm. Durch seine Reden und durch seine Taten. Hier kennt ihn jeder. Kafarnaum ist wie sein Zuhause.

Jesus geht in das Haus von Petrus und Andreas. Es ist ein kleines Fischerhaus. Sie haben ihn gebeten zu kommen. Denn die Schwiegermutter des Petrus liegt mit hohem Fieber auf ihrer Schlafmatte. Sie bitten Jesus: »Hilf ihr!« Er tritt zu ihr, nimmt sie bei den Händen und richtet sie auf. Und schon ist das Fieber verschwunden. Sofort steht die alte Frau auf und bereitet für alle das Essen. Sie lassen es sich munden. Es geht etwas aus von Jesus, heilende Kraft. Die alte Frau hat das gespürt.

Und dann geht Jesus in die Synagoge von Kafarnaum. Er spricht zu den Menschen dort. Sie sind tief beeindruckt. So voller Kraft ist seine Rede.

Und ein Mann ist dort in der Synagoge, der ist gemütskrank, geisteskrank. Alle sagen: ›Der ist besessen von einem bösen Geist, einem Dämon. Nur wenn der Dämon ausfährt, kann er wieder gesund werden.‹ Der Mann schreit laut – und es ist, als schreie der Dämon aus ihm –: »Jesus, was hast du vor mit mir? Willst du mich zu Grunde richten? Ich kenne dich genau. Du bist von Gott!«

Jesus fährt ihn an: »Sei still!«

Und schon wird der Mann hin- und hergerissen, fällt zu Boden, ein furchtbarer Schrei – und er ist still. – Ausgefahren ist der quälende Geist. Der Mann ist frei von seiner Krankheit, von all den seelischen Qualen. Außer sich sind die Menschen: »Dieser Jesus! Er befiehlt den Dämonen, dass sie ihm gehorchen. Wer ist der?« Einige meinen sogar: »Der steht mit dem Teufel im Bunde!« Jesus sagt: »Alles geschieht durch Gottes Kraft. Wenn ich Dämonen austreibe, dann wird für euch sichtbar, dass Gottes neue Welt ihren Anfang nimmt. Nur darum geht es!« Die Menschen aber sind überwältigt. Sie müssen das weitererzählen. Wie ein Lauffeuer verbreitet sich die Kunde von dieser Heilungstat ringsum in den Dörfern von Galiläa.

nach Markus 1,21-31

Zum Text: »Er hat mir meine ganze Schuld vergeben. Von aller Krankheit hat er mich geheilt«, heißt es Psalm 103 Vers 3. Für Jesus ist die Überwindung der Gottesferne (Schuld) wichtiger als die Überwindung der Krankheit. Doch steht beides in Verbindung miteinander. Auch das Heilwerden des Körpers ist wichtig.

Der Gelähmte

von Lene Mayer-Skumanz

Ich bin Rebekka, die Tochter Simons des Fischers, den Rabbi Jesus »mein lieber Felsbrocken« nannte. Ich war dabei, als der Rabbi das Fieber aus meiner Großmutter trieb. Auch was ich jetzt erzähle, habe ich selbst erlebt.

Rabbi Jesus war in unserem Fischerhof wie zu Hause; er kam und ging, lachte mit uns Kindern und versammelte seine Zuhörerschaft in dem Raum gleich neben dem Hoftor. Dort wurde es bald zu eng. Die Leute füllten den Hof und standen bis zur Straße hinaus. Das Gedränge war so groß, dass meine Großmutter nicht einmal Brot backen konnte.

»Sie treten mir die Zehen ab«, brummte sie. »Rebekka, du bist dünn genug, quetsch dich zwischen all diesen Beinen durch und lauf hinüber zu Jakob dem Lahmen. Sag seiner Frau Bescheid. Sie hat versprochen, beim Brotbacken einzuspringen.«

Ich kämpfte mich hinaus und rannte zu Jakobs Frau. »So!«, rief sie. »Ist der Rabbi wieder bei euch!«

Sie machte sich keineswegs sofort ans Brotbacken, sondern trommelte die Freunde ihres Mannes zusammen. Die legten den lahmen Jakob auf eine Trage und schleppten ihn zu unserem Hof. Ich lief hinterher.

»Lasst uns durch!«, baten die Männer am Tor, aber die Leute wichen nicht einen Fuß breit.

»Wo genau sitzt der Rabbi?«, fragte mich Einer der Vier, und ich zeigte ihnen von der Straße her die Stelle. Sie holten Werkzeug und Seile, dann trugen sie Jakob über die steinernen Stufen zur Dachterrasse hinauf. Ich kletterte ihnen nach. Sie gruben den Lehmboden auf und rissen das Flechtwerk heraus. Als das Loch groß genug war, ließen sie die Bahre samt dem lahmen Jakob ins Innere hinab, dem Rabbi genau vor die Füße. »Hilf mir!«, bat Jakob.

Jesus schaute ihn liebevoll an. Er nannte ihn »Kind«, obwohl Jakob älter ist als mein Vater oder Onkel Andreas. »Kind«, sagte er, »jetzt ist dir deine Schuld vergeben!«

Gesetzeslehrer

Heil werden

Kindschaft Gottes

Liebe

Missfallen

Schuld

Veränderung

Vergebung

Vollmacht

Jesus heilt viele

Ich sah, wie die Leute sich wunderten. Besonders einige Gesetzeslehrer wunderten sich. Sie murrten empört. Ich hörte, wie einer von Jakobs Freunden den anderen zuflüsterte: »Klar, das missfällt ihnen! Kein Mensch darf Sünden und Schuld vergeben. Das kann nur einer: der Allmächtige.«

Jesus schaute in die Runde. »Ich weiß, was ihr denkt. Aber ich habe die Vollmacht, Schuld zu vergeben. Und damit ihr das glaubt« – Er sah Jakob an. »Auf, nimm deine Trage und geh nach Hause!«

Und Jakob stand auf. Er war nicht mehr gelähmt. Er packte seine Bahre und lobte den Allmächtigen. Die Leute machten ihm Platz, dass er fortgehen konnte. Wir oben auf dem Dach jubelten. Jakob stand nun auf der Straße und schrie: »Er hat mich gesund gemacht, innen und außen!«

Durch das Loch im Dach haben er und seine Freunde dann später einen Korb mit Broten und Oliven hinuntergelassen. Am Tag darauf besserten sie gemeinsam mit Onkel Andreas den Schaden aus. Jakobs Gesicht strahlte.

»Er ist ein neuer Mensch geworden«, sagte meine Großmutter.

nach Markus 2,1-12

Behinderung

Dank

Glück

Krankheit

Machtwort

Predigt

Schabbat

Synagoge

Vertrauen

Zum Text: Die Geschichte von der Frau mit dem krummen Rücken ist hier perspektivisch erzählt – aus der Sicht zweier neunjähriger Jungen. Sie erleben alles mit. Sie staunen über die Heilungstat Jesu. Dann finden sie in ihr Spiel zurück.

Die Frau mit dem krummen Rücken

Schau doch, da ist sie wieder, die alte Frau, die immer so krumm geht! Kann sie sich denn gar nicht aufrichten?« Levi ruft es Natanael zu. Die beiden spielen bei der Synagoge. Es ist Schabbat heute.

Natanael weiß es von seiner Mutter: »Nein, sie kann sich nie mehr aufrichten, niemals! Sie hat das schon seit 18 Jahren! Meine Mutter sagt, es tut sehr weh!«

Levi ist erschrocken. Ganz langsam kommt die Frau näher. Ihr Kopf ist dicht über der Erde. So krumm geht sie. Levi schaut Natanael an: »Wie kann sie denn essen? Wie kann sie sich an- und ausziehen? Kann sie überhaupt richtig liegen, wenn sie schlafen will?« Ganz still ist Levi geworden: 18 Jahre! Ich bin 9. Immer so gebückt! Das ist ja doppelt so lange, wie ich lebe.

Schritt für Schritt schleppt sich die Frau in die Synagoge. Die Jungen gehen ihr nach. Da – in der Synagoge ist Jesus. Er predigt dort vor einer großen Zuhörerschaft. Die Jungen kennen ihn. Sie sahen ihn schon öfter. Sie haben schon manches von ihm gehört.

Jesus sieht die Frau. Schon hört er auf zu reden. Schon ruft er: »Komm doch zu mir!« Sie hebt ihren Kopf ein wenig. Von der Seite blickt sie Jesus an. Dann macht sie ein paar Schritte auf ihn zu. Er aber ist ihr schon entgegengekommen. Behutsam legt er die Hände auf sie. Und da spricht er das Wort: »Frau, du sollst gesund sein!« Und im gleichen Augenblick kann sie sich aufrichten. Sie streckt den Rücken. Plötzlich ist ihr Kopf oben. Sie kann sich frei umschauen.

Die Menschen ringsum sind wie starr. Die Frau aber ist voller Glück. Alles vorbei. All das Schwere. In einem Augenblick. Alles liegt hinter ihr. Nie wieder Schmerzen! Da strahlen ihre Augen. Laut ruft sie in die Runde: »Danke! O Gott, du hast mir geholfen. Danke, guter Gott. Ich lobe dich für all deine Güte!« Und sie schaut mit bewegtem Herzen auf Jesus.

Levi kann es noch immer nicht fassen. Das kann doch nicht wahr sein. Aber doch: Da geht sie hin, aufgerichtet, als sei nichts gewesen. Fast kommen Levi die Tränen. Dieser Jesus! Heiß überläuft es ihn: Der muss von Gott sein, wirklich …

Und Levi schaut Natanael an. Der lacht. Der freut sich. Und da wird es auch Levi auf einmal ganz leicht ums Herz. Er macht einen kleinen Freudensprung. Dann aber laufen sie hinaus aus der Synagoge. Ja, jetzt können sie wieder spielen.

nach Lukas 13,10-13

Zum Text: »Physische Heilkräfte gingen von Jesus aus – andererseits ist vieles auf diesem Felde auch legendär ausgestaltet« (Günther Bornkamm). Die spontane ›Fernheilung‹ beim Diener des Centurio mag der zweiten Kategorie angehören. Aber die Geschichte zeigt etwas von der faszinierenden Kraft des gesprochenen Wortes: ›Im Anfang war das Wort‹ (Johannes 1,1).

Der Diener des Centurio

von Eva Maria Mayer

Und? Geht es ihm heute besser?« Der Centurio Licinius stellte den Weinbecher auf den Tisch und schob den Teller zurück. »Gestern hat er sich kaum rühren können« –

Der Legionär salutierte. »Leider nein«, meldete er und vermied es, seinem Hauptmann in die Augen zu schauen. »Die Entzündung ist noch schlimmer geworden. Gaius liegt wie gelähmt auf seinem Bett. Heftige Schmerzen quälen ihn.«

Licinius fluchte. Er verwünschte den Skorpion, der seinen treuen Diener gestochen hatte. Der Wundarzt hatte vergeblich versucht, Gaius zu helfen. Das Gift tat seine Wirkung. Und wenn kein Wunder geschah –

»Nein, ich lasse nicht zu, dass Gaius so elend dahinsiecht!« Der Centurio schlug mit der flachen Hand auf den Tisch. »Ich gehe zu dem jüdischen Rabbi, der hier in der Gegend ist. Er soll schon vielen Menschen geholfen haben.«

Der Legionär starrte seinen Hauptmann mit offenem Mund an. »Zu dem Wunderheiler und Wanderlehrer, zu dem Juden? Ja, aber« –

»Was, aber?!« Licinius warf einige Münzen auf den Tisch der Schänke, in der er gegessen hatte: »Fragen kostet nichts.«

Der Wirt räumte das Geschirr ab. »Der Rabbi aus Nazaret?«, meinte er beiläufig, ohne die beiden Soldaten anzusehen, »der kommt heute nach Kafarnaum. Das habe ich von den Fischern erfahren.«

»Na, worauf warten wir dann noch«, brummte der Centurio und verließ das Gasthaus.

Eilig schritt er die staubige Straße entlang. Es war heiß, die Sonne stand schon hoch und brannte auf die Häuser. Licinius schwitzte unter seinem Panzer und dem schweren Lederzeug. Er bemerkte, dass immer mehr Menschen auf die Straße kamen und dieselbe Richtung einschlugen wie er. ›Ich bin auf dem richtigen Weg‹, dachte er.

Vom See Gennesaret wehte eine leichte Brise und erfrischte ihn. Als er in der nächsten Gasse eine dichte Menschentraube um einen einzelnen Mann entdeckte, wusste er, dass er den Rabbi aus Nazaret gefunden hatte.

Jesus stand an eine Hauswand gelehnt. Er unterhielt sich mit einer Frau aus der Gruppe seiner Schüler und Schülerinnen, die ihm ständig folgten. Die Leute rund um ihn sprachen lebhaft miteinander, lachten und scherzten.

Als der Centurio hinzutrat, verstummte das Lachen. Die Menschen musterten ihn misstrauisch. Licinius spürte ihre Abneigung und Unsicherheit. Er nahm es gelassen hin – welches Volk heißt fremde Soldaten im eigenen Land schon gerne willkommen?

Der Rabbi trug ein einfaches Wollgewand, seine Sandalen waren staubig und abgetreten. Er schaute den Centurio fragend an und forderte ihn mit einer Handbewegung auf zu sprechen.

Licinius nickte kurz zur Begrüßung. »Rabbi«, sagte er und wunderte sich selbst über seinen höflichen Tonfall, »Rabbi, mein Diener liegt zu Hause gelähmt im Bett. Er leidet unter hohem Fieber, arge Schmerzen quälen ihn. Er hält das nicht mehr lange durch. Bitte, hilf ihm!«

Jesus sah den Centurio eine Weile aufmerksam an. Dann richtete er sich auf und trat einen Schritt auf ihn zu. »Soll ich ihn heilen? Zeig mir, wo er liegt!«

Missbilligendes Raunen ging durch die Menge. Licinius verstand, was die Leute aufregte. Nicht umsonst leistete er schon über ein Jahr seinen Militärdienst in diesem Land, er kannte die Bräuche und strengen Gesetze des jüdischen Glaubens. Abwehrend hob er die Arme.

»Nicht doch, Rabbi«, rief er so laut, dass alle es hören konnten. »Du darfst mein Haus, das Haus eines Fremden, nicht betreten, du würdest eure Vorschriften verletzen. Es ist auch nicht nötig. Sprich nur ein Wort, ein Machtwort, und mein Diener wird gesund!«

Jesus heilt viele

Er merkte, dass Jesus staunte, und sprach eilig weiter: »Schau, Herr, ich bin Centurio. Viele Soldaten gehorchen meinem Befehl. Aber auch ich muss meinen Vorgesetzten gehorchen. Ich führe ihre Befehle aus. Ich gebe selber Befehle. Sage ich zu einem Soldaten ›Geh!‹, so geht er. Sage ich ›Komm her!‹, so kommt er. Befehle ich meinem Diener: ›Tu das!‹, dann tut er, was ich ihm aufgetragen habe. Rabbi, sprich nur einen Satz kraft der Macht, die dein Gott dir gegeben hat, und mein Diener ist geheilt, ich weiß es!«

Jesus wandte sich zu den Menschen um. »Wahrlich«, rief er verwundert, »das muss ich euch schon sagen: Noch bei keinem anderen Menschen habe ich so großen Glauben gefunden! In ganz Israel nicht!« Dann sprach er zu dem Centurio: »Geh heim! Was du glaubst, soll geschehen!«

Licinius spürte, welch große Kraft von den Worten ausging. Er wusste, dass in diesem Augenblick etwas geschah, dass sich etwas verändert hatte. Er verneigte sich.

So schnell er konnte, eilte er nach Hause. Sein Diener Gaius erwartete ihn an der Tür. »Herr, ich bin gesund! Ich kann wieder gehen! Es ist wie ein Wunder!«

Licinius legte ihm den Arm um die Schulter. »Kein Wunder«, sagt er, »aber ein Machtwort zur rechten Zeit!« Und er erzählte ihm, was Jesus getan hatte.

nach Matthäus 8,5-10.13

Ansteckung

Dank

Ekel

Erbarmen

Heilung

Lepra

Liebe

Lob Gottes

Samaritaner

Schmerz

Unreinheit

Verachtung

Verzweiflung

Zum Text: *Es wird aus der Sicht eines der Beteiligten erzählt. Mit ihm können Kinder sich identifizieren. Er kann emotional durch die Geschichte führen. Er kann zum Nachdenken darüber anregen, was es heißt, wenn man das Danken und das Lob Gottes vergisst. Er kann zur Beobachtung hinführen, dass Jesus nicht nur die damals wichtigen Grenzen zwischen rein und unrein aufhebt, sondern tut, was nur Gott tun kann.*

Die zehn Männer mit Aussatz

von Peter Morgenroth

Mein bester Freund, er kennt mich nicht mehr. Das schmerzt mich. Wenn er mich sieht, schaut er einfach weg. Aber nicht nur er. Alle machen das so. Sie schauen weg, als wäre ich Luft. Es ist zum Verzweifeln. Eigentlich möchte ich schreien. Aber wenn ich schreie, werfen sie Steine und treiben mich weg. Also schweige ich und fresse den Kummer in mich hinein. Mein Kummer ist, dass ich krank bin.

Am Anfang war's nur ein kleiner weißer Fleck auf der Haut. Den versteckst du. Aber dann kommen die Geschwüre. Und die kannst du nicht mehr verstecken. Sie schmerzen. Sie bluten. Sie eitern. Das riecht man. Und langsam zerfrisst dir die Krankheit die Finger, die Hände und Füße. Den ganzen Körper. Es ist Lepra!

Das Schlimmste ist, wenn du dich im Wasser des Baches anschaust. Dein Gesicht, du erkennst es nicht mehr. Dann weißt du plötzlich, warum sich alle vor dir ekeln und dich wegjagen wie einen bissigen Hund. Du ekelst dich ja vor dir selbst. Nie mehr im Leben wird dich jemand umarmen. Nie mehr wird einer deine kranke Haut streicheln. Nie mehr.

»Aussatz macht unrein«, sagen sie. Berühren verboten! Du musst Abstand halten. »Aussatz! Aussatz!«, musst du rufen, wenn du in ihre Nähe kommst. Und mit einer Rassel lärmen, damit dich alle bemerken.

Sie haben mich aus dem Dorf gejagt, als die Krankheit begann. Weggejagt ohne alles. »Sieh zu, wo du bleibst!« Eine der Höhlen war noch frei, in denen die Aussätzigen hausen. Zu zehnt leben wir hier. In Lumpen. Auf Krücken. Im Dreck. Abgeschnitten vom Leben. Immer nur Warten. Vielleicht bringt jemand etwas zum Essen vorbei und stellt es für uns ab, dort drüben am Baum. Das ist doch kein Leben mehr!

Eines Tages hören wir in der Ferne: »Jesus ist da!« Da krabbeln wir aus unseren Höhlen und laufen los. Was heißt *laufen*! Wir humpeln auf Krücken. Beißen die

Zähne zusammen vor Schmerz. Bleiben stehen und schreien von fern: »Jesus, hab Erbarmen mit uns!«
Wir hatten von ihm schon gehört. Von seinen heilenden Händen. Von der Kraft, die von ihm ausging, dieser Kraft zu heilen. »Jesus, erbarm dich! Hilf uns!« Wenigstens das wollten wir versuchen.

Und er erbarmt sich. Er kommt näher. »Halt, Jesus, bleib stehen! Steck dich nicht an!« Aber er hat keine Angst. Er kommt ganz nah zu uns Unberührbaren. Er sieht uns an. Er rührt uns an. Berührt meine arme, kranke Haut. Und sagt: »Geht! Geht zu den Priestern! Lasst euch von ihnen bestätigen, dass ihr gesund seid!«

Soll ich? Aber da rennt schon der Erste los. Er reißt uns mit. Auf zum Priester! So schnell es geht. Und da, unterwegs, da geschieht es: Die Geschwüre verschwinden. Der Aussatz ist weg. Die Haut ist glatt. Und der Priester sagt: »Was wollt ihr bei mir? Ihr seid rein!«

Da jubeln wir. Wir rennen zurück. Ein jeder in sein Dorf. Zu seiner Familie. Zu seinen Freunden. Es ist unbeschreiblich. »Ich bin wieder da! Ich bin rein!« Wir sind überglücklich. Wir sind zurück im Leben!

Nur einer von uns, so erfuhr ich später, der lief zu Jesus zurück und fiel vor ihm auf die Knie. Er lobte Gott und dankte ihm. Einer! Und das war ausgerechnet der Samaritaner unter uns, von dem wir Juden nicht so viel halten.

Und Jesus soll verwundert gefragt haben: »Nur einer? Nur dieser Fremde? Nur er lobt Gott? Wo sind denn die anderen neun?« Und Jesus soll zu ihm gesagt haben: »Du gehörst wirklich zu Gott!« Er hatte wohl als Einziger von uns begriffen, dass Jesus tat, was eigentlich nur Gott tun kann.

Nun, ich bin einer von den anderen neun. Ich habe mich nicht bei Jesus bedankt. Mich hat es einfach zerrissen vor Freude. Und ich musste erst mal meine Liebsten umarmen. Von einem zum anderen bin ich getaumelt in den Tagen, als die Krankheit von mir abfiel. Da hab ich einfach vergessen, Danke zu sagen.

Aber heute, wenn ich daran denke, heute liegt mir das manchmal schwer auf der Seele.

nach Lukas 17,11-19

Zum Text: *Wichtig ist, dass die Heilung des Blinden nicht als Wundergeschehen im Vordergrund steht. Das Warten vorher, die Nachfolge danach sind wichtiger. Entscheidend ist, dass Bartimäus schon vorher von Jesus als dem verheißenen Retter weiß und darum bereit ist, auf das Kommen von Jesus sehr spontan zu reagieren. Dabei verbindet sich die Erwartung des Davidssohns, der von Gott kommt und den Glauben bringt, mit dem Wissen um den ganz irdischen Juden Jesus, der unterwegs ist zum Passafest, von Jericho nach Jerusalem. Dieser Jesus vermittelt den Glauben an Gott; gleichzeitig macht er den Blinden gesund. Der Glaubensweg des bekennenden Bartimäus und sein irdischer Weg des Gesundwerdens gehören zusammen. Jesus verbindet beides. Der Gedanke an eine Zauberheilung kann dabei nicht aufkommen.*

Die diskret eingeführte als »ich« erzählende Person lädt zur Identifikation ein – zur Frage nach Jesus, zur Nachfolge, die mit der Suche nach dem Glauben verbunden ist.

Entschiedenheit

Gesundwerden

Gewissheit

Glaube

Nachfolge

Rettung

Sohn Davids

Warten

Der Blinde
von Regine Schindler

Da sitzt ein Mann am Straßenrand. Er ist voller Staub. Wenn die Sonne brennt, zieht er seinen Mantel über den Kopf. Wenn es regnet, schlüpft er unter den Mantel. Er sitzt da. Jeden Tag. Vor sich eine leere Tonschale, neben sich einen langen Stab. Manchmal kippt der Kopf des Mannes nach vorn. Ich gehe zu ihm, schaue ihn an: »Zeig mir dein Gesicht! Wer bist du?« – »Bartimäus, der Sohn des Timäus«, antwortet eine raue Stimme. Er hebt den Kopf. Da sehe ich: Die Augen des Mannes sind ohne Leben; sie schauen mich nicht an. Plötzlich weiß ich: Bartimäus ist blind. Er sitzt am Straßenrand, um zu betteln. Doch nur selten legt jemand etwas in seine Bettelschale – eine Frucht oder winzige Münzen.

Immer wieder neigt Bartimäus seinen Kopf zur Seite. Ja, er horcht. Er hat zwar kranke Augen, aber gute Ohren. Er weiß genau, was sich die Menschen, die vorbeigehen, erzählen. Sie kommen alle aus der nahen Stadt Jericho.

»Was hörst du, Bartimäus?«, frage ich. »Verstehst du denn die verschiedenen Sprachen der Menschen?« – »Ja, sie erzählen sich, was sie auf dem Markt gekauft haben. Sie erzählen sich, wen sie getroffen haben in der Stadt.« Und mit leiser Stimme fügt der Blinde hinzu: »Und manchmal sprechen sie von einem Mann mit Namen Jesus. Er soll vom großen König David abstammen.«

Ich neige mich zu Bartimäus herab. Geheimnisvoll flüstert er jetzt: » Stell dir vor – er macht Kranke gesund. Aber ein Zauberer ist er nicht. Sie nennen ihn Königssohn; sie sagen: Er kommt von Gott, ja, von Gott.«

Ich setze mich zu Bartimäus. Ich horche und warte mit ihm. Viele Stunden.

Ein heißer Tag. Ich bin ganz versunken. Da stößt mich Bartimäus an. Ganz aufrecht sitzt er jetzt da, angespannt. Aufgeregt sagt er: »Ich glaube, da kommt dieser Jesus. Sie reden von ihm. Hör doch!«

Plötzlich wird die Stimme des Blinden ganz klar und sehr laut. Er schreit: »Jesus, Sohn Davids, du kannst mir helfen, ich weiß es!« Er lässt sich nicht zurückhalten von den Frauen und Männern, die Jesus begleiten. Er springt auf. Er gibt der Bettelschale einen Stoß, sodass sie scheppernd in viele Scherben zerbricht. Groß steht er jetzt da, streckt seine Arme nach oben und schreit noch lauter: »Jesu, du bist es! Hilf mir!«

Ohne Blindenstab geht er mit sicheren Schritten auf die Menschengruppe zu. Er wirft sich auf die Knie und bleibt so, bis ihn eine Hand berührt und eine Stimme sagt: » Freu dich, komm zu ihm! Jesus hat dich gerufen.«

Da zerrt Bartimäus seinen alten Mantel von den Schultern und fährt damit kurz über sein verschwitztes staubiges Gesicht. Während er aufsteht, wirft er das alte Stück Stoff in meine Arme. Und schon steht er vor Jesus, ohne Hilfe. Blind.

Jesus spricht mit ihm. Ich sehe es. Ich höre Jesu Stimme, deutlich. Er sagt: »Dein Glaube hat dich gerettet.« Glaube? Glaube an Gott? Und die Krankheit des Blinden?

Bartimäus wendet sich um. Wirklich, seine Augen sind nicht mehr leer. Er schaut mich an und lacht. Er dreht sich; er blickt rundum. Er wendet sich wieder zu Jesus und sagt mit heller Stimme, dass alle es hören: »Jesus, du bist mein Retter. Du kommst von Gott!«

Bartimäus will bei Jesus und seinen Freunden bleiben. Er folgt Jesus nach. Bartimäus will mehr hören. Mehr von Gott.

Ich auch. Ich gehe auch mit Jesus, zusammen mit Bartimäus. Ich will auch mehr hören. Mehr von Gott. Unser Weg führt nach Jerusalem. Zum Passafest.

nach Markus 10,46-52

Gebet

Glaube

Gottesherrschaft

Heilung

Sprache

Zeichen

Zum Text: *Auch dass Jesus einem Gehörlosen das Gehör und damit die Sprache wiedergegeben hat, ist geschichtlich durchaus denkbar. Magische Praktiken (Anfeuchten der Zunge mit Speichel) gehörten zu allen Zeiten zum Repertoire der Wunderheilungen. Für Jesus aber ist viel mehr das Gespräch mit Gott, das Gebet, wichtig. Auch diese Heilung ist Zeichen für die anbrechende Herrschaft Gottes unter den Menschen.*

Der Gehörlose
von Irmgard Weth

Eines Tages zog Jesus mit seinen Jüngern in eine fremde Gegend auf der anderen Seite des Sees. Im Nu sprach es sich in der ganzen Gegend herum. Einer rief es dem anderen zu: »Hast du gehört? Jesus ist hier. Komm, wir wollen ihn sehen!« Und schon rannten sie los und liefen Jesus entgegen.

Nur einer blieb am Weg sitzen und rührte sich nicht. Er hörte nicht, was die anderen riefen. Er verstand nichts, kein einziges Wort. Er sah nur, wie die Leute vorbeieilten.»Wohin geht ihr alle?«, wollte er fragen. Aber er brachte kein Wort heraus, nur unklare Laute. Er war nicht nur taub. Er war auch stumm. Er hatte niemals gelernt, richtig zu sprechen.

Als die Leute ihn sahen, blieben sie stehen und fragten: »Was sagt der? Wir verstehen ihn nicht. Aber wer weiß, vielleicht versteht ihn Jesus? Wir wollen ihn bitten, dass er dem Taubstummen hilft.«

Und sie nahmen ihn an der Hand und führten ihn zu Jesus. »Da, sieh her!«, sagten sie. »Dieser Mensch kann nicht hören. Er kann auch nicht sprechen. Aber leg deine Hand auf ihn und mach ihn gesund!« Da nahm Jesus ihn beiseite und rührte seine Ohren und seine Zunge an. Und Jesus sah auf zum Himmel, seufzte und rief »Hephata!« Das heißt: »Tu dich auf!«

Da geschah es. Auf einmal gingen die Ohren auf. Und auf einmal löste sich auch die Zunge.

»Ich kann hören«, jubelte der Mann. »Ich kann sogar sprechen! Hört ihr mich?« Und schon eilten die anderen herbei und staunten ihn an: »Wie ist das nur möglich? Der Stumme kann reden. Wir verstehen ihn alle. Er redet richtige Worte, ja, ganze Sätze. Er stockt nicht einmal.« Und sie riefen voll Freude: »Das hat Jesus getan! Er ist der Retter. Er öffnet den Tauben das Ohr und löst den Stummen die Zunge.«

nach Markus 7,31-37

(aus: Irmgard Weth, Neukirchener Kinder-Bibel mit Bildern von Kees de Kort, 12., überarbeitete Auflage in neuer Rechtschreibung, Kalenderverlag des Erziehungsvereins, Neukirchen-Vluyn, 2000.)

Immer hält Jesus zu den Verachteten

Zum Text: *Mahlgemeinschaft ist für die Juden die engste Form der Gemeinschaft. Darum ist es auch für die Pharisäer, die Jesus ja verstehen wollen, so unfassbar, dass er seine Tischgemeinschaft gerade denen, die vom Vorurteil gezeichnet sind, den Außenseitern, den outlaws, zuteil werden lässt. Für Jesus aber ist es wichtigste Aufgabe, den ›Zöllnern und Sündern‹ Gottes Nähe zu vermitteln. Darum ruft er Levi zu sich. Darum ist er bei Levi zu Gast.*

Außenseiter

Berufung

Betrug

Kraft

Nähe
Gottes

Nachfolge

Verachtung

Vorurteil

Er kommt zu Levi

Jesus ist in Kafarnaum. Er geht hinaus zum See. Hier am Stadtrand ist die Zollstation des Levi, den manche auch Matthäus nennen. Er ist Zolleinnehmer des Herodes Antipas, denn nicht weit von Kafarnaum verläuft die Grenze zwischen dessen Herrschaftsgebiet und dem seines Bruders Philippus.

Jesus schaut Levi an. Und wieder ist es diese seltsame Kraft, die von ihm ausgeht. Er sagt ganz einfach: »Levi, lass deine Arbeit! Ich brauche dich! Komm mit mir, die neue Welt Gottes zu verkünden.«

Levi sagt: »Ich bin Steuereinnehmer: Siehst du denn nicht, wie sie mich hassen? Ich habe sie ja auch betrogen. Immer habe ich mehr genommen als vorgeschrieben ist.«

Aber Levi spürt es. Er vermag ihr nicht zu widerstehen, dieser Kraft, die von dem Mann Gottes ausgeht. Da steht er auf. Er verlässt seinen einträglichen Posten. Er sagt zu Jesus: »Ich komme mit. Ich will dir folgen. Aber zuerst kommst du zu mir, zum Essen, heute Abend!« Und es geschieht: Am Abend kommt Jesus in das Haus des verachteten Zolleinnehmers und sitzt mit ihm und seinen Zöllnerfreunden zu Tisch. Er spricht den Segen. Er bricht das flache Brot. Er verteilt das Brot. Alle essen. Alle sind fröhlich.

Immer hält Jesus zu den Verachteten

Das aber erregt Aufsehen: Jesus in schlechter Gesellschaft, Jesus, der sich gemein macht mit Zöllnern und Sündern!

Pharisäer, von vielen wegen ihrer Frömmigkeit hoch geachtet, erregen sich: »Wie kann er das tun? Wie kann er mit solchem Gesindel zusammen essen!?«

Jesus gibt Antwort: »Es sind doch diese, zu denen ich gekommen bin. Die Kranken brauchen den Arzt, nicht die Gesunden! Auch diese Zöllner gehören zu Gott! Wenn sie umkehren, werden sie einst mit Gott zu Tisch sitzen, so wie jetzt mit mir!«

Levi – Matthäus aber geht von jetzt an mit Jesus. Er wird einer der zwölf Schüler. Er folgt Jesus überallhin. Er will jetzt ganz da sein für Gott.

nach Markus 2,13-17

Betrug

Einsicht

Friede

Gastfreund-
schaft

Gottesnähe

Hass

Rettung

Schuld

Unrecht

Verachtung

Vergebung

Wiedergut-
machung

Zum Text: *An der Zachäusgeschichte macht Lukas, der Jesus immer wieder als den Freund der Armen, der Verlorenen darstellt, auch deutlich, was das ›Heute‹ meint. Jetzt und hier und heute kommt Jesus zu dem, der ihn braucht, der ihn sucht, der alles unternimmt, ihn sehen zu können. Heute wird dem Betrüger und Dieb vergeben. Heute wird er zu einem völlig verwandelten Menschen.*

Er kommt zu Zachäus

Wie kann ich ihn nur erreichen? Wie kann ich nur zu ihm kommen? Da stehen sie, dicht gedrängt wie eine Mauer. Und er ist dahinter. Und ich bin so klein.« Zachäus, der oberste Steuereinnehmer von Jericho, der Römerfreund, weiß nicht, was er tun soll. Er hat von diesem Jesus gehört, dass er zu allen kommt, gerade zu denen, die verachtet werden, wie er.

»Ja, ich bin ja selber schuld. Ich habe sie zu oft betrogen bei der Steuer. Ich habe mehr genommen, als die Römer fordern. Ich habe Reichtümer angehäuft. Ich habe Schuld auf mich geladen. Wie werde ich das nur wieder los?«

Zachäus möchte so gern zu Jesus. Aber er weiß, sie werden ihn nicht durchlassen.

Er sieht, wie sie ihm höhnische Blicke zuwerfen. Er hört, wie sie tuscheln. Spottrufe werden laut.

Da hat Zachäus eine Idee. Schnell läuft er die Straße voraus. Dort steht ein Maulbeerfeigenbaum mit seinen dicken weitausladenden Ästen. Zachäus klettert hinauf. »Von hier oben kann ich ihn sehen, ganz gewiss.« Jesus kommt. Hinter ihm drängen die Menschen. Plötzlich hebt Jesus den Kopf. Beim Maulbeerfeigenbaum. Und schon ruft er, als ob er alles wüsste: »Zachäus, steige herab! Ich will heute zu dir kommen in dein Haus. Ich will heute dein Gast sein.«

Zutiefst überrascht ist Zachäus. Es geht wie ein Blitz durch Körper und Seele. Und schon ist er herunter vom Baum. Schon geht er neben Jesus her. Sein Herz klopft. Sie erreichen sein Haus. Jesus kommt mit herein. Zachäus bewirtet ihn voller Freude.

Die Menschen draußen aber sind empört: Dieser Jesus, in ein solches Haus geht er. Sie sind voller Hass auf Zachäus.

Zachäus aber sagt zu Jesus: »Herr, ich habe Unrecht getan. Aber ich will es wieder gutmachen. Allen, die ich betrogen habe, will ich das Vierfache zurückgeben. Und von dem, was übrig bleibt, gebe ich die Hälfte den Armen. Von heute an will ich das tun!« Da sagt Jesus zu ihm: »Du bist gerettet! Du und deine ganze Familie. Heute ist es geschehen. Zu solchen, wie du es bist, muss ich kommen. Du gehörst jetzt zu Gott. Dir ist vergeben. Gott ist für alle da, die ihn suchen.«

Da wird Zachäus ganz still. Friede ist in seinem Herzen. Er ist glücklich.

nach Lukas 19,1-10

24

Immer hält Jesus zu den Verachteten

Zum Text:
Das ist charakteristisch für den geschichtlichen Jesus, den Menschen unter Menschen, dies Durchschauen seines Gegenübers, diese besondere Art des Sehens. Sofort weiß Jesus, was der andere braucht, was für ihn wichtig ist. So auch bei dem Pharisäer Simon und der Frau, die Jesus die Füße salbt. Der Pharisäer braucht Einsicht, die Frau braucht Vergebung.

Dankbarkeit

Demut

Erbarmen

Freude

Geschenk

Liebe

Nähe
Gottes

Schuld

Vergebung

Die Frau mit dem schlechten Ruf

Ein Pharisäer mit Namen Simon lädt Jesus zum Essen ein. Jesus geht hin. Sie liegen zu Tisch.
In der Stadt lebt eine Frau, die schläft mit Männern – für Geld. Aber sie will das nicht mehr. Sie möchte loskommen von all diesen Dingen. Sie ist unglücklich. Diese Frau nimmt duftendes Öl in einem Fläschchen. Sie geht damit zu Jesus. Sie möchte sein Erbarmen. Sie möchte ihm etwas schenken, liebevoll.
Sie tritt ein bei Simon. Demütig nähert sie sich Jesus. Sie weint. Ihre Tränen fallen auf seine Füße. Sie öffnet ihr Haar. Sie trocknet Jesus die Füße damit. Sie küsst seine Füße, wieder und wieder. Sie gießt das Öl aus dem Fläschchen auf seine Füße. Sie reibt seine Füße damit ein. Sie sagt nichts. Der Pharisäer denkt: Jesus müsste doch wissen, was für eine das ist, die ihn dort anfasst. Hat Jesus seine Gedanken erraten?
Er sieht den Pharisäer an: »Simon, ich will dir etwas erzählen: Zwei Männer hatten bei einem Geldverleiher Schulden, der eine fünfhundert, der andere fünfzig Silberdenare. Weil keiner von ihnen zahlen konnte, erließ er beiden die Schuld. – Wer von beiden war dem Geldverleiher wohl dankbarer? Wer wird ihn mehr lieben?« »Der mit der größeren Schuld«, antwortet Simon.
»Ja«, sagt Jesus, »du hast Recht. Nun denke umgekehrt: Diese Frau hat viel mehr Schuld als du. Aber sie hat auch viel mehr Liebe. Und darum hat sie auch viel mehr Vergebung!
Ich kam in dein Haus. Du gabst mir kein Wasser für meine Füße. Sie aber wäscht mir die Füße mit ihren Tränen. Du gabst mir keinen Kuss zur Begrüßung. Sie aber küsst mir unaufhörlich die Füße. Du hast mein Haar nicht gesalbt. Sie aber salbt mir die Füße mit diesem kostbaren Salböl. Siehst du es nicht?: Sie hat viel mehr Liebe als du. Und darum hat sie auch viel mehr Vergebung.«
Und Jesus spricht zu der Frau: »Geh hin! Du hast keine Sünde mehr. Nichts trennt dich mehr von Gott!«
Da wird sie froh. Da fühlt sie sich frei. Da geht sie mit Dank und in großer Freude.

nach Lukas 7,36-50

Jesus kann gut streiten

Zum Text:
Die Schabbatgeschichten zeigen Jesus in der Auseinandersetzung mit den Pharisäern. Einer von ihnen vertretenen engen, oft unverständlichen Gesetzesauslegung setzt Jesus eine Auffassung entgegen, in der das Humane, das Menschenwürdige den Vorrang hat.

Arbeit

Auslegung
(des Gesetzes)

Pharisäer

Menschenwürde

Verbot

Was ist richtig am Schabbat?

Es ist Schabbat. Jesus geht mit den Jüngern durch die Felder. Das Korn ist reif. Einige Jünger sind hungrig. Sie brechen Ähren ab, lösen die Körner aus den Schalen und essen sie.

Pharisäer kommen des Wegs. Die sehen das. Da sagen sie zu Jesus. »Was tun deine Jünger da? Wissen die nicht, dass es verboten ist, am Schabbat zu arbeiten?«
Ähren brechen und Körner essen – eine Arbeit? Die

Jesus kann gut streiten

Jünger sind erstaunt. Jesus steht ihnen bei: Er schaut die Pharisäer an: »Ihr habt doch gelesen, was David tat, als seine Männer hungrig waren. Er ging in den Tempel und nahm die geweihten Brote von den Tischen. Nur die Priester durften davon essen. Das war Gesetz. Aber David gab die Brote den Männern und aß auch selbst davon. Der Hunger war stärker als das Gesetz. Es ging um die Menschen, nicht um das Gesetz. Und so ist es auch mit dem Schabbat. Er ist für die Menschen da, dass ihnen geholfen wird. Nicht dafür, dass irgendein unverständliches Gesetz erfüllt wird. Wenn meine Jünger Hunger haben, dann sollen sie essen, genau wie die Männer Davids. Und wenn ihr denkt, Ähren abbrechen sei eine Arbeit, dann versteht ihr das Gesetz nicht richtig. Ich bin gekommen zu zeigen, wie man das Gesetz auslegen soll – so, dass es Sinn macht.

Da schweigen die Pharisäer. Was aber mögen sie denken?

nach Markus 2,23-28

Engstirnig-
keit

Freude

Heilung

Lähmung

Leben

(mangelnde)
Mensch-
lichkeit

Zeichen

Zum Text: *In der Schabbat-Diskussion mit seinen Gegnern, den buchstabengetreuen, spitzfindigen Gesetzesauslegern, vertritt Jesus auch den Gedanken, dass man am Schabbat heilen darf, denn: »Der Schabbat ist für den Menschen da, nicht umgekehrt« (Markus 2,27).*

Darf man heilen am Schabbat?

Jesus ist in Kafarnaum am See. Es ist Schabbat. Jesus geht in die Synagoge. Ein Mann ist dort, der hat eine gelähmte Hand.

Pharisäer sind dort. Sie beobachten Jesus genau: Wird er es wagen, am Schabbat zu heilen? Für sie ist es Arbeit, wenn man einen Menschen heilt. Und am Schabbat zu arbeiten ist streng verboten.

Jesus sagt zu dem Mann: »Komm her!« Dann schaut er in die Runde: »Darf man einem Menschen am Schabbat das Leben retten oder muss man ihn umkommen lassen?« Jesus ist der Meinung, dass die Gesundheit eines Menschen wichtiger ist als die Einhaltung der Schabbatgebote. Denn der Schabbat ist für den Menschen da. Jesus schaut die Pharisäer an. Aber sie antworten ihm nicht. Da wird Jesus traurig, dass sie so wenig Menschlichkeit zeigen, dass sie so engstirnig an ihrem Schabbatgebot festhalten. Aber er lässt sich nicht beirren. Er spricht zu dem Mann: »Strecke deine Hand aus!« Der Mann tut es. Die Hand ist geheilt.

Der Mann freut sich. Jesus sagt: »Erzähle das nicht weiter!« Jesus will nicht, dass man ihn überall als den großen Wunderheiler verehrt. Es geht ihm um das Zeichen: Gott ist nahe. Gott beginnt sein Volk zu retten.

Die Pharisäer aber bleiben bei ihrer engstirnigen Meinung. Sie verlassen die Synagoge. Für sie hat Jesus das Schabbatgebot übertreten. »Er ist gegen das Gesetz«, sagen sie, »wir müssen etwas unternehmen!«

nach Markus 3,1-6

Jesus kommt nach Jerusalem

Zum Text: *Im Zusammenhang mit der Passion Jesu bietet das Heft vier Erzählungen. Die erste ist, abgesehen von der biblisch belegten Opferkastenszene (Markus 12,41-44), frei konzipiert. Es geht um die Stadt Jerusalem und das zu Beginn des Pessachfestes pulsierende Leben darin.*

In der Stadt

Jesus kommt in die Stadt. Hoch oben der riesige Tempelbezirk mit seinen Umfassungsmauern, Treppen, Toren, Hallen, Höfen und dem eigentlichen Heiligtum in der Mitte.

In der Unterstadt enge Gassen, unzählige kleine Läden, Handwerker: Gerber, Steinmetze, Töpfer. Dicht sich drängend Tiere und Menschen: Bauern, Händler, Priester, Soldaten, Frauen und Kinder: Dazwischen ausgemergelte und abgerissene Gestalten: Arme, Krüppel, Bettler.

In der Unterstadt der Markt mit seinem pulsierenden Leben, mit seinen Gerüchen, Verkaufsstand neben Verkaufsstand: Körbe mit Lauch, Bohnen, Knoblauch; Körbe mit Feigen, Äpfeln, Weintrauben; Krüge mit Olivenöl und Wein; Gewürzstände mit Pfeffer, Kümmel und Senfkörnern; Duftstände mit Aloe, Myrrhe, Narde; Stände mit Salb- und Riechöl.

In der Oberstadt breite Straßen, die vornehmen, manchmal luxuriösen Häuser der Sadduzäer, auch das palastartige Haus des Hohenpriesters Kaiphas mit seinem Innenhof.

Schon drängen Pilgerscharen aus den Dörfern und Städten von Galiläa und Judäa, aber auch aus der ganzen Welt, in die Stadt, das Pessachfest nach dem ersten Frühlingsvollmond, das Fest der Erinnerung und der Freude, zu feiern.

An die 100.000 mögen es sein. Unter ihnen auch Nichtjuden, die den einen Gott, den bilderlosen Gott, in Jerusalem anbeten wollen. Und Lämmerherden werden getrieben. An die 10.000 Tiere mögen es sein.

Das alles bringt Leben und Unruhe. Es liegt etwas in der Luft, wie immer beim Pessachfest: Aufruhr, antirömische Revolte. Deshalb auch haben die Römer ihre Kohorte – etwa 500 Mann – in der Burg Antonia direkt am Tempel stationiert. Deshalb stehen römische Wachtposten auf den vier Türmen der Burg und auf den Dächern der Säulenhallen des Tempels, um gegebenenfalls rasch einschreiten zu können.

Als Jesus mit den Seinen, jungen Männern und Frauen, in die Stadt kommt, werden sie begrüßt wie alle anderen Pilger auch: »Gelobt sei, der da kommt im Namen des Herrn!« Später wird erzählt, Jesus sei wie ein König in die Stadt eingezogen, auf einem Esel, ein armer König. Und die Menschen hätten gejubelt und Zweige und Kleidungsstücke auf seinen Weg geworfen.

Jesus steigt die Stufen zum Tempelbezirk hinauf, zu diesem machtvollen Bauwerk Herodes des Großen, der schon lange tot ist. Überall Baubetrieb, denn noch längst ist nicht alles vollendet. Viele Säulen sind noch nicht aufgerichtet. Aber man sieht schon, wie großartig alles wird, wie mächtig und wie schön. Es heißt: ›Wer den Tempel des Herodes nicht sah, sah nirgendwo etwas Schöneres.‹

Jesus durchschreitet die riesige Halle Salomos mit ihren vier Säulenreihen. Er geht über die Steinplatten des Großen Vorhofs durch all das Gewimmel von Menschen und Tieren und kommt zu dem Bronzetor, das in den Vorhof der Frauen führt. Hier fällt sein Blick auf den großen Opferkasten. Und er sieht, wie viele Reiche viel einwerfen. Und dann sieht er, wie eine arme Witwe zwei Kleinmünzen einwirft, Wert gleich Null. Jesus wendet sich an seine Jüngerinnen und Jünger: »Diese Frau hat mehr eingeworfen als all die Reichen, denn sie hat alles gegeben für Gottes Tempel, ihren ganzen Besitz!«

Burg Antonia

Halle Salomos

Heiligtum

Markt

Opferkasten

Pessachfest

Pilger

Tempel

Unruhe

Zum Text: *Die zweite Passionserzählung zeigt einerseits, wie Jesus der Fangfrage mit der Kaisermünze klug entgeht, andererseits, wie er in der Tempelaustreibung mit Zorn und Macht dreinfahrend, zum ersten Mal gewalttätig wird. Letzteres führt zu der Auffassung der Tempelpriesterschaft, dass dieser Aufrührer gegenüber den Römern nicht mehr zu retten sei.*

Austreibung

Bethaus

Geschäft

Gott

Kaiser

Im Tempel

Und es geschieht im Tempelbezirk, dass einige Leute von den führenden Priestern und den Pharisäern auf Jesus zukommen mit der Absicht, ihn durch eine verfängliche Frage in eine Falle zu locken. Sie zeigen ihm einen Denar mit dem Kopf des Kaisers Tiberius und der Umschrift ›Tiberius, Sohn des göttlichen Augustus und

Jesus kommt nach Jerusalem

der göttlichen Livia‹. »Dürfen wir dem Kaiser der Römer Steuern zahlen?«, fragen sie scheinheilig. »Ist das nicht durch unser Gesetz verboten?«

»Gebt her«, sagt Jesus: »Wessen Bild und Name ist hier aufgeprägt?« – »Des Kaisers«, antworten sie. »Dann gebt dem Kaiser, was dem Kaiser zukommt, und Gott, was Gott zukommt!«

Die Antwort erstaunt und enttäuscht sie. Hätte Jesus verboten, Steuern an Rom zu zahlen, wäre das Aufstachelung zum Aufstand gewesen. Hätte er es ausdrücklich erlaubt, wäre er ein Römerfreund gewesen. So aber können sie die Antwort nicht gegen ihn ausnutzen.

An einem anderen Tag: Jesus ist wieder aus Betanien am Ölberg, wo er über Nacht bleibt, in den Tempel gekommen – da erfasst ihn plötzlich eine große Erregung. All dieses ungeheuerliche wilde Treiben im Großen Vorhof, so nahe dem Heiligtum. Das Gedränge, Menschen aus aller Welt, und Tiere – das Blöken der einjährigen fehlerlosen Lämmer für das Tempelopfer, das Flattern der Tauben in ihren Käfigen – Kaufen und Verkaufen, Geldwechsel an Wechslertischen, hebräisches Geld und tyrische Silbermünzen als Tempelgeld gegen alle anderen Währungen, die Masse der unzähligen Pilger, das Gefeilsche, das Schreien – nur Geschäft! Geschäft! –, es bringt Jesus in großen Zorn: »Hört auf! Hört auf damit!«, ruft er. »Schafft das hier weg!«, befiehlt er den Taubenverkäufern.

Er macht sich aus Stricken eine Peitsche und beginnt dreinzuschlagen, er, der sonst so Sanftmütige: »Weg mit euch!« Er treibt die Tiere hinaus, jagt die Händler davon, stößt die Tische der Wechsler um, dass die Münzen zu Boden fliegen und ruft in heiligem Zorn: »Was macht ihr da mit eurem Feilschen und Schreien, nur auf Gewinn bedacht?! Ihr Betrüger! Denkt auch nur einer von euch daran, wo er hier ist? – Im heiligen Tempel Gottes! Ihr aber macht eine Markthalle daraus, ja eine Räuberhöhle! Wisst ihr denn nicht, dass in den Schriften steht: ›Mein Haus soll ein Bethaus sein‹?!«

Das alles sehen die Priester des Tempels. Voller Unruhe sind sie: ›Woher nimmt dieser Galiläer das Recht, so im Tempel aufzutreten? Er stört alles. Er stört den Tempelbetrieb. Alles bringt er durcheinander!

Dabei zieht er die Menschen in seinen Bann. Dauernd sind sie um ihn herum. Keines seiner Worte lassen sie sich entgehen. Das kann so nicht weitergehen! Das darf so nicht weitergehen!‹

Und die führenden Priester kommen zusammen: »Was sollen wir tun?«, fragen sie. »Es muss etwas geschehen. Er muss aufgehalten werden. Die Römer sehen doch, was da vor sich geht. Sie werden uns noch die Verfügungsgewalt über Tempel und Volk entziehen. Schon hat Pilatus seine Kohorte in der Stadt. Nein, das geht nicht mehr so weiter!«

Kaiphas, in jener Zeit der oberste Priester, schaut sie an: »Wo habt ihr euren Verstand? Seht ihr nicht, dass es besser ist, einen Menschen zu töten, als dass ganz Israel zu Grunde geht?!«

nach Markus 11,15-19; 12,13-17

Jesus wird umgebracht

Zum Text: *Das letzte Mahl Jesu ist kein Sedermahl (am Vorabend des Pessachfestes gefeiert), denn zu diesem Zeitpunkt ist Jesus schon tot. Es ist ein Abschiedsmahl in der Gewissheit seines Endes und in Erwartung des kommenden Reiches. Brot und Wein werden zum Erinnerungssymbol für seinen in den Tod gegebenen Leib und sein vergossenes Blut.*
Die Getsemane-Szene zeigt Jesus dann als einen tief angefochtenen, schwachen Menschen, aber auch als den, der diese Anfechtung zu überwinden vermag.

Das Mahl am Abend – Die Gefangennahme

Und am Abend – es ist der Donnerstag – kommt Jesus mit seinen Jüngern zu einem besonderen Mahl zusammen.

Sie liegen zu Tisch. Jesus sagt: »Einer wird mich ausliefern!« Bestürzt sind sie: »Bin ich es? Ich? Ich?« Jesus nimmt das Brot, die flache harte Mazze, spricht den Segen darüber: »Gepriesen sei Gott, König der Welt, der das Brot aus der Erde hervorbringt«. Er bricht das Brot und verteilt es an alle: »So brecht in Zukunft das Brot miteinander, wenn ich nicht mehr bei euch bin. Betet! Das Brot ist ein Zeichen: Ich bleibe immer mit euch verbunden.«

Und er nimmt den Weinbecher, nachdem sie gegessen haben, spricht: »Gesegnet sei dieser Wein, der aus der Traube kommt«, und er reicht den Becher herum. Alle trinken. Jesus sagt: »So trinkt in Zukunft den Wein beim Mahl. Betet. Denkt an mich. Mein Blut wird fließen. Es ist ein Zeichen: Ich bleibe immer mit euch verbunden. Solange ihr da seid, bin auch ich da. Immer!«

Und sie sprechen den Psalm nach dem Mahl:

> Ich will es vor der Gemeinde bekennen
> und den Becher erheben und ihm danken.
> Dieser Tag ist ein Geschenk des Herrn.
> Wir wollen uns freuen und fröhlich sein.
> Du bist mein Gott. Und ich dein Kind.
> Mein Gott, ich lobe dich.
>
> Psalm 116,13; 118, 24.28

Dann stehen sie auf und gehen in die kühle Nacht hinaus. Und Jesus sagt: »In dieser Nacht werdet ihr mich im Stich lassen!« – »Nein!«, ruft Petrus: »Ich niemals: Und wenn ich mit dir sterben müsste!« Jesus sagt: »Wenn der Hahn in der Frühe kräht, dann hast du mich drei Mal verleugnet!«

Und sie kommen über den Bach Kidron zu einem Garten mit Namen Getsemane: Jesus sagt: »Auf mir liegt eine Last, die mich fast erdrückt. Helft mir, dass ich es aushalte! Wacht mit mir!« Und er geht ein wenig hinweg von ihnen und wirft sich nieder – in Todesangst: »Lieber Vater, hilf mir doch!« Er zittert. Er ist in großer Not. Dann aber wird er ruhig: »Vater, ich gebe mich in deine Hand. Dein Wille geschehe!« Er kommt zurück. Die Jünger sind schlaftrunken. Es war ein langer Tag.

Dann aber sind sie hellwach. Durch die Nacht kommt ein Kommando vom Tempel, von der Polizeitruppe des Hohen Rates. Sie kommen mit Fackeln und Schwertern und Knüppeln, angeführt von Judas. Der tritt auf Jesus zu und küsst ihn, so wie ein Jünger seinen Rabbi begrüßt. Da wissen die vom Tempel, wen sie festzunehmen haben. Und Jesus gibt sich in ihre Hände. Die Jünger aber, entsetzt über das alles, fliehen.

nach Markus 14,17-50

Todesangst

Wein

Zeichen

Zukunft

Zum Text: *Verhaftung, Verhör vor Kaiphas, Verhör vor Pilatus, Verurteilung und Kreuzestod bilden das Zentrum der Passion Jesu. Nachdem die jüdische Behörde ihm Jesus überstellt hatte, machte der römische Präfekt Pontius Pilatus, Herr über Leben und Tod, kurzen Prozess. Ein Aufrührer – als solcher wurde Jesus verurteilt – war nach dem römischen Gesetz zu kreuzigen, und so erlitt der Mann Gottes die Schmach dieses elenden Verbrechertodes. Sein Grab machte den Tod gültig, und dennoch – dies war nicht das Ende. Aus der Jesus-Geschichte wurde die Christus-Geschichte, die Geschichte einer rasch wachsenden Gemeinde, die den Mann aus Nazaret als den lebendigen ›Gesalbten Gottes‹, den ›Christus‹, erfuhr, glaubte und in alle Welt hinaustrug.*

Aufrührer

Christus

Golgota

Grablegung

Leben

Lehre

›König der Juden‹

Kreuzigung

Vor Kaiphas – Vor Pilatus – Verurteilung – Tod

Jesus aber wird in die Oberstadt in den Palast des Hohenpriesters Kaiphas gebracht. Führende Priester, in der Nacht zusammengerufen, verhören ihn. Kaiphas fragt Jesus nach seinen Jüngern und seiner Lehre.

Jesus antwortet: »Ich habe doch immer öffentlich gelehrt in den Synagogen und im Tempel. Meine Lehre ist bekannt. Was also fragst du mich? Frage doch die, die mich gehört haben!«

Jesus wird umgebracht

Prozess

Todesgebet

Verbrecher-
tod

Die Priester – Sadduzäer, denen der Tempel über alles geht, unter ihnen – halten ihm vor: »Du legst das Gesetz anders aus als wir. Damit untergräbst du unsere Stellung und die öffentliche Ordnung. Du schaffst Unruhe im Tempelbezirk. Du hast dich mit den Verkäufern und Geldwechslern, die für uns arbeiten, angelegt. Du schaffst Unruhe unter dem Volk. Aufruhr droht. Das werden die Römer nicht zulassen. Und wir auch nicht!«

In der Frühe des Morgens überstellen die Priester Jesus gefesselt dem eigentlichen Machthaber in Jerusalem und Judäa, dem römischen Präfekten Pontius Pilatus. Der allein hat das Recht, über Tod und Leben zu entscheiden. Die Gerichtsverhandlung gegen Jesus findet im Freien statt. Pilatus sitzt auf dem erhöhten Podium, der Bema. Er sitzt auf dem Richtstuhl. Er trägt eine kostbare weiße Toga mit Purpurstreifen und einen goldenen Ring an der Hand, Zeichen, dass er dem hohen Stand eines römischen Ritters angehört. Vor ihm Jesus. Vor ihm die anklagenden Priester. Vor ihm viel Volks, so wie immer bei öffentlichen Gerichtsverhandlungen.

Die führenden Priester klagen Jesus an: »Er gebärdet sich als Messias! Er leugnet die Macht Roms in diesem Land! Er ist ein Volksverhetzer, ein Rebell!«

Pilatus stellt die in solchen Prozessen übliche Frage: »Bist du ein Messias? Bist du der König der Juden?«

Jesus antwortet: »Mein Königtum ist nicht von dieser Welt. Wäre es das, meine Anhänger würden für mich kämpfen!«

Pilatus ist davon wenig beeindruckt. Wie üblich, fällt er ein rasches Urteil: »Geißelung! Kreuzigung!«

Nach dem römischen Strafgesetz gehören Geißelung und Kreuzigung zusammen. Der Verurteilte wird nackt ausgezogen, an einen Pfahl gefesselt und mit einer kurzen Lederpeitsche, in deren Schnüre Eisensplitter eingebunden sind, ausgepeitscht. Er erleidet grässliche Schmerzen und hohen Blutverlust. – So geschehen mit Jesus.

Der Verurteilte muss den Querbalken für sein Kreuz selbst zur Hinrichtungsstätte schleppen. Jesus tut es unter Qualen auf der Straße, die vom Prätorium zum außerhalb der Stadt gelegenen Hügel ›Golgota‹ (›Schädelhöhe‹), der Hinrichtungsstätte, führt. Dort ist der Holzbalken, der als Standpfahl dient, schon aufgerichtet.

Jesus wird gekreuzigt. Über seinem Kopf wird in drei Sprachen (lateinisch, griechisch, hebräisch) eine Tafel mit der Inschrift ›Jesus von Nazaret. König der Juden‹ befestigt. So ist es üblich. Diese Tafel hält den Grund für seinen Tod fest. Beiderseits Jesu werden zwei Widerstandskämpfer, die den Römern in die Hände gefallen sind, ebenfalls als Verbrecher gekreuzigt. Römische Soldaten werfen das Los um das ungenähte Untergewand Jesu. Sie wollen es nicht zerteilen.

Frauen aus Galiläa, darunter seine Mutter Maria und seine Jüngerin Maria aus Magdala, sehen voller Schmerzen alles von ferne mit an.

Jesus schreit laut, bevor er stirbt. Er ruft das alte Gebet seines Volkes: »Eloi, eloi, lema sabachtani!« – »Mein Gott, mein Gott, warum hast du mich verlassen?« In diesem Ruf liegt Vertrauen auf Rettung in äußerster Verlassenheit. So beten Juden, wenn sie sterben.

Jesus quält sich furchtbar. Dann kommt der Tod.

Es wird erzählt, der römische Centurio unter dem Kreuz, der Befehlshaber des Hinrichtungstrupps, habe laut gerufen: »Wahrlich, dieser war von Gott!«

Am Abend muss der Leichnam vom Kreuz. So lauten die jüdischen Vorschriften: Kein Gekreuzigter darf vor Beginn des Festes hängen bleiben.

Es wird erzählt, Josef aus Arimatäa, Mitglied des Hohen Rates, ein heimlicher Freund des Mannes aus Nazaret, habe den Leichnam vom Kreuz genommen, ihn mit Duftstoffen in Leinentücher eingewickelt und ihn in seinem eigenen ungenutzten Felsengrab, nicht weit entfernt, beigesetzt.

nach Markus 14,53 bis 15,47

Aber dies ist nicht das Ende. Es geschieht etwas, das kaum zu verstehen ist: Mit einmal sind alle Jünger wieder da. Freude ist unter ihnen. Alle Angst verflogen. Sie rufen es laut aus, überall: »Er lebt! Wir haben ihn gesehen!«

Er hat dem Tod die Macht genommen
und das unvergängliche Leben ans Licht gebracht.

2 Timotheus 1,10

Freund-
schaft

Gleichbe-
rechtigung

Jesus sagt:

Es war unge-
wöhnlich für die
Zeit Jesu, dass
dieser Mann aus
Nazaret sich
auch der Frauen
und Kinder
annahm.
Ganz einmalig
aber war, dass
Kinder den
Erwachsenen als
Beispiel vor
Augen gestellt
wurden: »Wenn
ihr nicht werdet
wie die Kinder,
so kommt ihr
nicht in die neue
Welt Gottes.«

So kopieren,
dass der
Lösungssatz
»Jesus sagt: Wer
ein Kind
aufnimmt in
meinem Namen,
der nimmt mich
auf« noch
einmal im
Ganzen unter
das Rätsel
geschrieben
werden kann.

Folge dem Weg und finde dabei die Namen der dargestellten Dinge.
Die Zahlen sagen dir, welcher Buchstabe des Wortes jeweils gesucht ist.
Schreibe ihn in das dazu gehörige Kästchen. Was kannst du lesen?

Bei Jesus zu Hause

Heimat

Geborgen-
heit

Gemein-
schaft

Familie

Das biblische Dorf macht das Geschehen um und mit Jesus lebendig. Seine Entstehung kann als Langzeitprojekt angelegt oder von vielen Händen gemeinsam an einem Bastelnachmittag realisiert werden. Die Szenerie lässt sich nach Bedarf ergänzen/erweitern und umbauen. Fehlende Figuren selbst zeichnen und nach der Bastelanweisung fertigstellen (siehe folgende Seiten).

TIPP: Das Dorf kann auch als Weihnachtskrippe eingesetzt werden. Dann wird der Stall mit der Krippe abseits aufgestellt und die Hirten, später die 3 Könige, ziehen durch das Dorf zum Stall.

WIR BAUEN EIN BIBLISCHES DORF

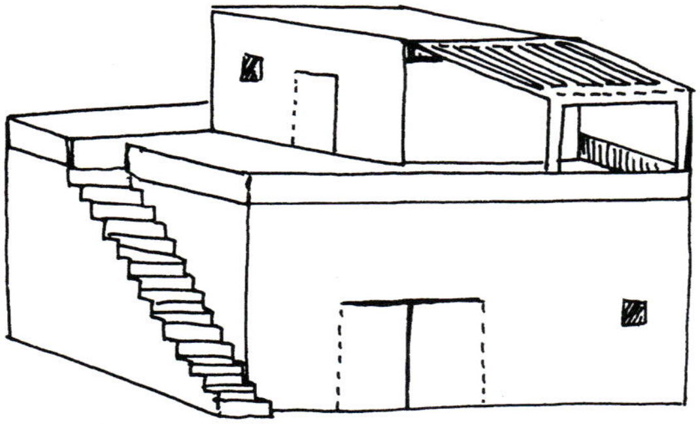

WOHNHAUS

Nach diesem variablen Grundschema können die Häuser in jeder gewünschten Größe gebastelt werden. Bei den oberen Räumen zusätzliche Bodenklebelaschen berücksichtigen!

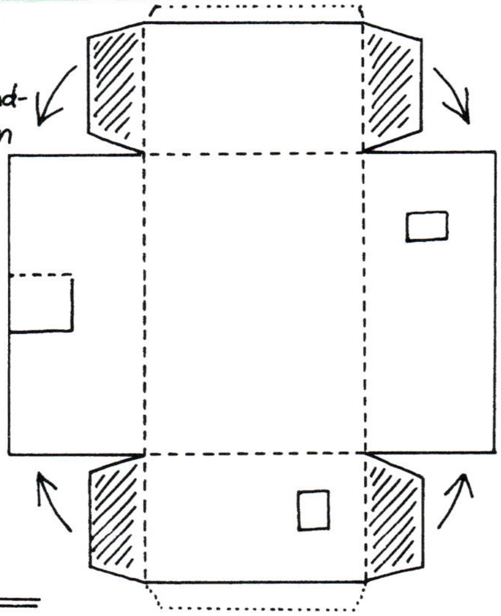

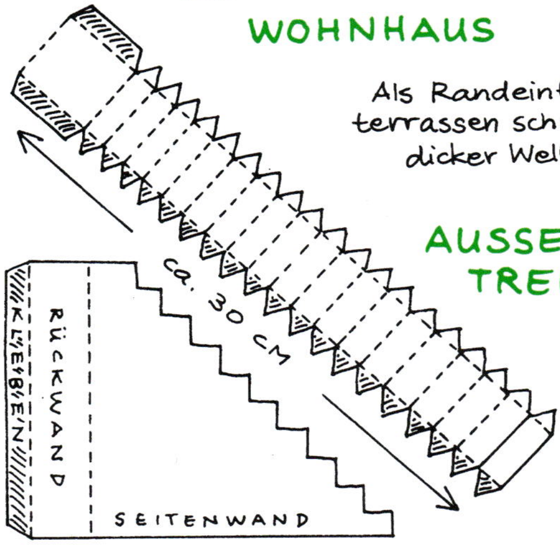

Als Randeinfassung der Dachterrassen schmale Streifen aus dicker Wellpappe aufkleben.

AUSSEN-
TREPPE

RÜCKWAND KLEBEN

ca. 30 cm

SEITENWAND

PERGOLA

KLEBEN

biblisches Dorf

BRUNNEN

Brunnenwand aus einseitig beschichteter Wellpappe zusammenkleben und bemalen

DACH

ZWISCHENDACH

DACH + RÜCKWAND

KRIPPEN

FASSADE

TREPPE

TEMPEL

Zwischendach, Treppe und Fassade vor die Giebelfront kleben

PALME

aus grünem Bastelkrepp ausschneiden und fest zusammenrollen – den Stamm mit braunem Wollfaden umwickeln

Ohren ankleben

FALTSCHNITTE Esel und Schaf

AUFSTELL-FIGUREN

aufkleben, ausschneiden, farbig ausmalen

BASTEL-KARTON

↑ Standfläche ↑

Faltschnitt ZAUN

kleben

Seitenansicht

Benötigtes Material:

Holzplatte oder alter Tisch (etwa 120x80 cm), daran dünne Holzleisten rundum als Randeinfassung befestigen. Außerdem: Kleine Schuhkartons und/ oder dünne und dicke Wellpappe – weißer und farbiger Bastelkarton für Einzelteile – grüner Bastelkrepp, braune Wolle – Bleistift, Schere, Lineal Kleber-Temperafarben weiß/ ocker/erdbraun, Pinsel oder baunes Packpapier und Kleister – Buntstifte – Sand, Moos, kleine Steine und Zweige, Strohhalme etc., Buchsbaumzweige als Büsche.

33

Bei Jesus zu Hause

Herstellung des Dorfes:
Die Größe der Häuser auf die Figuren abstimmen (z.B. Figuren 1:1 8 cm, Türen 9 cm, Haushöhe ca. 12-15 cm). Die Häuser nach der Bastelanleitung bauen und mit Temperafarben weiß oder erdfarben bemalen oder rundum mit Packpapier und Kleister bekleben. Die Bodenfläche mit Sand ausstreuen (evtl. Plastikfolie unterlegen), »Grünflächen« mit Moos auslegen. Je nach darzustellender Geschichte die benötigten Figuren herstellen und mit Requisiten nach Bedarf ausstatten.

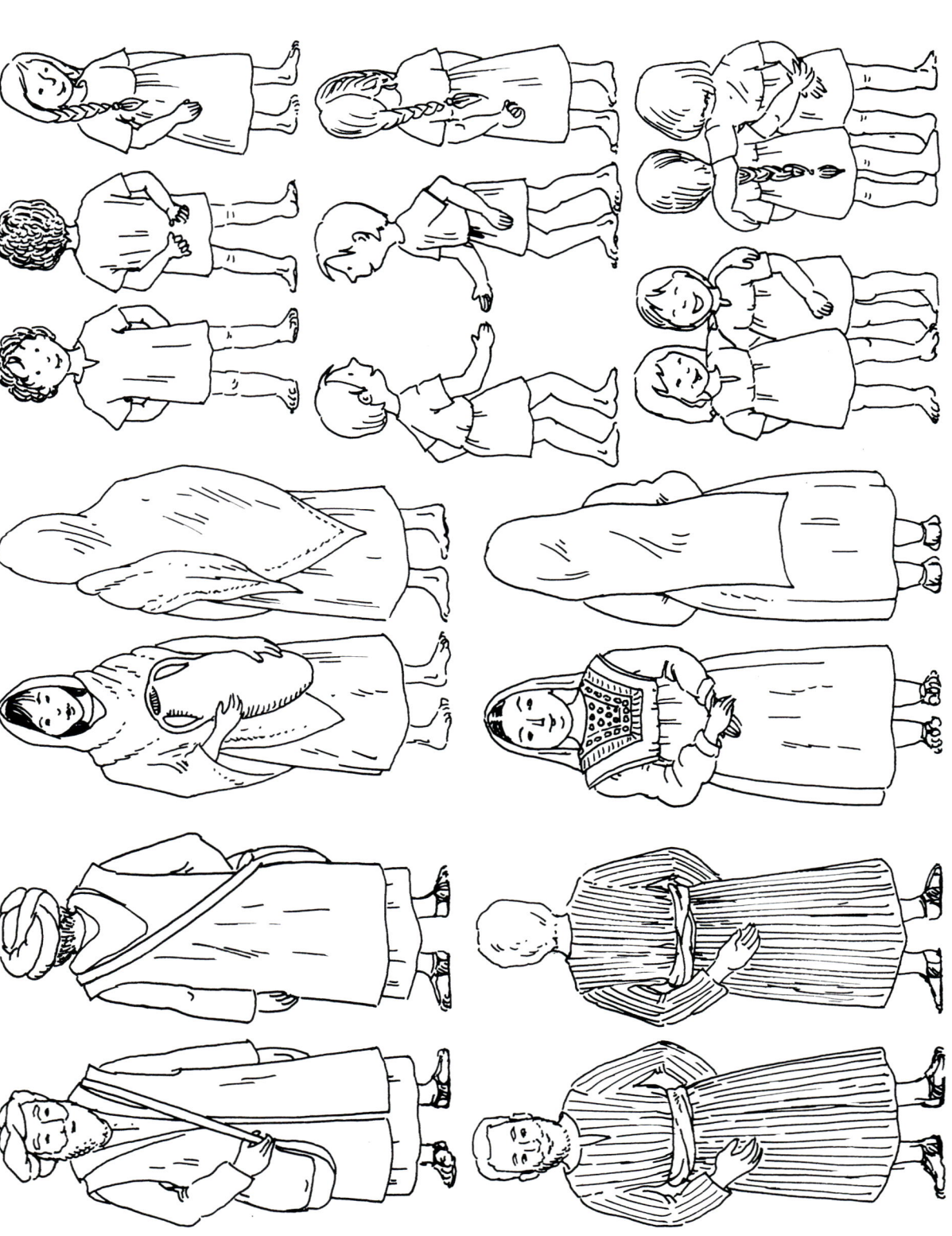

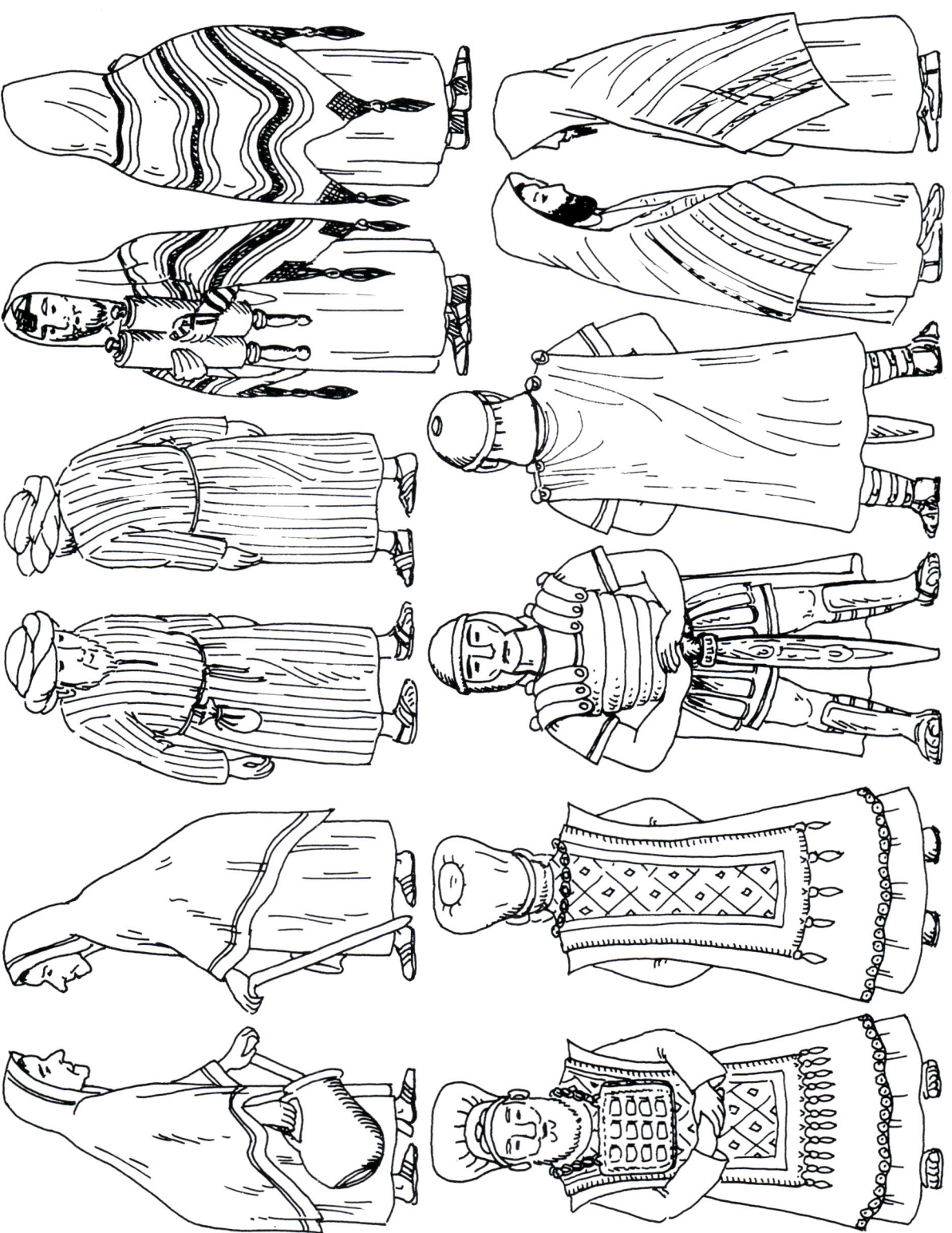

biblisches
Dorf

**Die Dorf-
bewohner:**
Pro Figur einen
4-6 cm breiten
und 13-15 cm
langen Streifen
aus starkem
Bastelkarton
ausschneiden.
Die kopierte
Vorderansicht
aufkleben, den
Umriss aus-
schneiden, dann
die ausgeschnit-
tene Rückan-
sicht passgenau
auf die Rück-
seite kleben und
alles farbig
ausmalen. Den
Aufstellfuß, wie
auf Seite 33
beschrieben,
ausschneiden,
falzen und
kleben. Darauf
achten, dass die
Fußpartie bei
selbst gezeich-
neten Figuren
nicht zu schmal
ist, damit sie
auch standfest
wird.

Bei Jesus zu Hause

Heimat

Familie

So wird das Ausmalbild zum **PUZZLE**: Die vergrößerte Kopie farbig ausgestalten und *ganzflächig* auf feste Pappe kleben. Das Format in 4x5 (20 Teile) oder 3x4 (12) gleich große Rechtecke aufteilen und mit Lineal und Cutter in Einzelteile zerschneiden. Eine passende Schachtel zur Aufbewahrung des Puzzles kann nach folgendem Schema gebastelt werden:

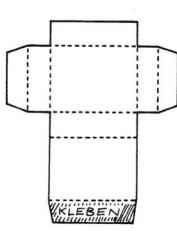

KLEBEN

Jünger
Jesu

Vertrauen

Nachfolge

Die 12 Jünger:
Petrus,
Andreas,
Johannes,
Jakobus,
Tomas, Simon,
Bartholomäus,
Taddäus, Judas,
Philippus,
Jakobus,
Matthäus.

Wenn das
Rätsel als
Einführung ins
Thema einge-
setzt werden
soll, kann der
Fragenteil beim
Kopieren
abgedeckt
werden.
Richtige
Antworten:
1 Jakobus –
2 Petrus,
   Andreas,
   Johannes
   Jakobus,
   der Fischer
3 Matthäus
   (Levi)
4 Johannes
5 Petrus
6 Judas

P	R	I	J	U	N	I	W	L	M	E	Ä	J	O
J	Ä	V	E	T	B	J	O	H	A	N	N	E	S
A	T	P	L	Z	J	Ä	S	I	T	Q	B	K	D
K	N	E	D	L	A	G	G	J	T	O	M	A	S
O	J	T	Ä	P	K	P	I	S	H	F	L	N	A
B	A	R	T	H	O	L	O	M	Ä	U	S	D	N
U	L	U	Z	I	B	R	J	E	U	B	N	R	Ä
S	H	S	J	L	U	Ä	T	G	S	D	F	E	J
T	Ä	M	C	I	S	H	O	L	J	R	I	A	B
J	K	T	R	P	N	T	A	D	D	Ä	U	S	M
E	P	A	C	P	T	D	A	K	M	O	H	G	E
M	T	S	J	U	D	A	S	U	K	T	A	J	O
L	A	G	R	S	I	M	O	N	B	I	W	S	Z

Gesucht: Die Namen der 12 Jünger Jesu

Suche waagrecht und senkrecht und male die betreffenden Kästchen mit Buntstiften farbig aus.

1 Welchen Namen gibt es zweimal?

2 Wer waren die ersten 4 Jünger?

3 Wer hat seinen Namen geändert?

4 Wer war der Lieblingsjünger Jesu?

5 Wer hat Jesus dreimal verleugnet?

6 Wer hat Jesus verraten?

Die gute Nachricht in Galiläa

Glauben

Menschen-fischer (Lösungswort) zu werden, heißt Menschen für Gott zu begeistern, sodass sie sich gleichsam einfangen lassen für Gott.

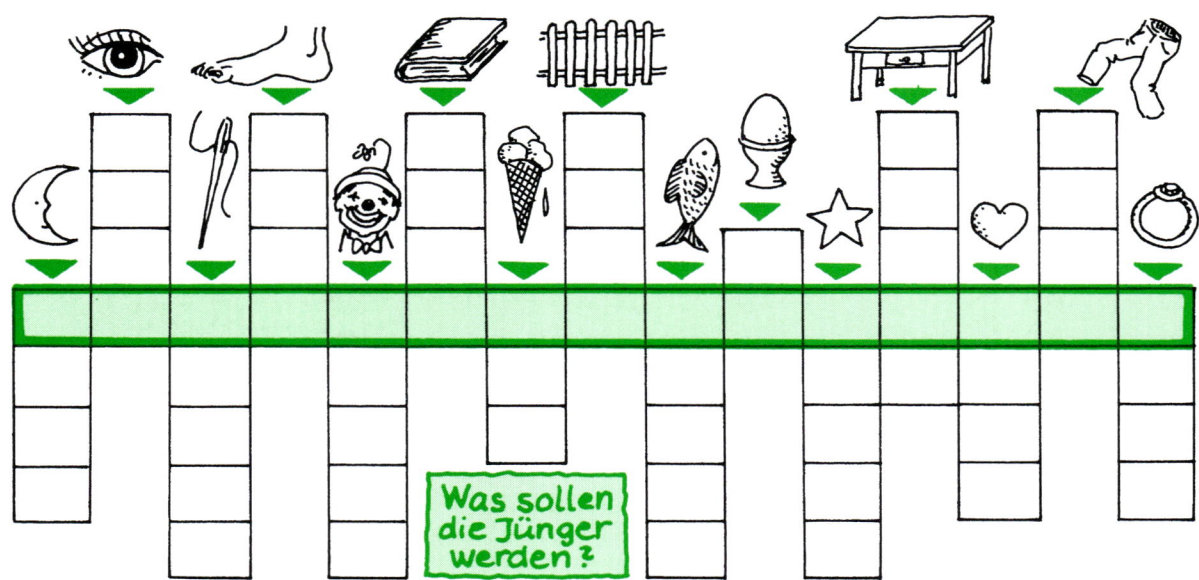

Was sollen die Jünger werden?

Die Mittelzeile sagt es dir, wenn du alle Namen der abgebildeten Dinge eingetragen hast.

Lösung: Das Evangelium = die gute Nachricht für alle Menschen.

»Evangelium« hat zwei Bedeutungen. Zum einen ist es eine Literaturform (Evangelium des Markus, des Matthäus usf.), zum anderen ist es die Heilsbotschaft von Gott, der sich gerade der »Armen« annehmen will.

Was brachte uns Jesus?

1 = D
3

2 = V
3

1 = A

1 = I
3

2 = D
5 6 7

1 = G   4 = E

5

1
7 8

1 = F

1
3 = L
4 = L

1 2 3

1 2 8

Ewigkeit. Wille Kraft Vater Reich vergeben Brot

Name Versuchung, Schuld, Himmel Reich Bösen.

Unser _____ im Himmel.
Dein _____ werde geheiligt.
Dein _____ komme.
Dein _____ geschehe.
Wie im _____ so auf Erden.
Unser tägliches _____ gib uns heute.
Und vergib uns unsere _____
wie auch wir _____ unseren Schuldigern.
Und führe uns nicht in _____
sondern erlöse uns von dem _____
Denn dein ist das _____ und die _____
und die Herrlichkeit in _____
Amen.

Beten

Vorbild

Glauben

Vertrauen

Als Arbeitsblatt entweder die äußeren Schriftzeilen mitkopieren (die Kinder schneiden die Wörter aus und kleben sie passend in die Textlücken) oder die äußeren Schriftzeilen beim Kopieren abdecken (die Kinder füllen die Lücken in eigener Schönschrift). Den Schmuckrahmen mit Buntstiften farbig ausgestalten.

Wenn die Vorlage als reines Schmuckblatt verwendet werden soll, die fehlenden Wörter in die erste Kopie einkleben und diese dann als Kopiervorlage nutzen.

Glauben

Wachsen

Natur

Groß und
Klein

Neuanfang

WIR BACKEN
BRÖTCHEN

Rezept

500 g Weizen-
schrotmehl
30 g frische
Hefe
350 ml lauwarme
Milch
1 TL Salz
2 TL Zucker
Mohn, Sesam, Kümmel,
Sonnenblumenkerne
zum Verzieren

Das Geheimnis des Sauerteigs

Eine halbe Tasse lauwarme Milch mit dem Zucker, 2 EL Mehl und der fein zerbröselten Hefe in ein großes Glas geben, umrühren und eine halbe Stunde warten. Im Glas ist gut zu sehen, wie die Hefe arbeitet, es bilden sich Blasen und der Schaum steigt höher und höher.
Dann das restliche Mehl, die Milch und das Salz in eine Schüssel geben und das Hefegemisch dazugießen. Nun muss alles sehr gründlich durchgeknetet werden, bis ein gleichmäßiger Teig entstanden ist. Dieser muss nun eine Viertelstunde in der zugedeckten Schüssel „gehen", dabei quillt er mächtig auf.
Nun können die Brötchen handtellergroß geformt und mit den Körnern verziert werden. Anschließend oben mit einem spitzen Messer einschneiden und auf das eingefettete Backblech legen.
In den auf 230° vorgeheizten Backofen schieben und 25–30 Minuten backen. Ein Gefäß mit heißem Wasser im Backofen verhindert, dass die Brötchen austrocknen!

Guten Appetit!

Das Geheimnis des Samenkorns

Im Garten oder an einer anderen geeigneten sonnigen(!) Stelle ein kleines Pflanzbeet mit guter Humuserde vorbereiten und dort pro Kind 1–2 Samenkörner von Riesen-Sonnenblumen einpflanzen. Bitte Samen mit Keimgarantie verwenden, Vogelfutter und andere Sonnenblumenkerne könnten zu Misserfolg führen!
Die Pflanzstelle ausreichend bewässern und regelmäßig betreuen.
Ein Tagebuch führen, in dem das Wachstum der Sonnenblumen dokumentiert und mit Fotos und Zeichnungen illustriert wird.
Das Tagebuch kann von der Gruppe gemeinsam geschrieben werden, oder jedes Kind bastelt sich sein persönliches Büchlein:
1 farbigen (Umschlag) und 4 weiße Papierbögen DIN A5 mittig falzen und im Falz mit Nadel und Faden zusammennähen.

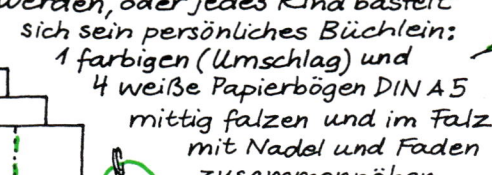
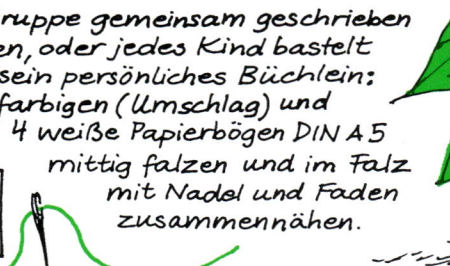

Um den Back- und Pflanzaktionen den würdigen rituellen Rahmen zu verleihen, sollte ein kleines Backfest bzw. Pflanzfest gefeiert werden, bei dem die Gleichnisse vom Sauerteig bzw. vom Samenkorn thematisiert werden. Ebenso sollte im Sommer, wenn die Sonnenblumen ihre volle Höhe erreicht haben, ein Sonnenblumenfest gefeiert werden, bei dem an das kleine Samenkorn erinnert wird.

FÜR GEHEIMCODE - KNACKER

Glauben

Vertrauen

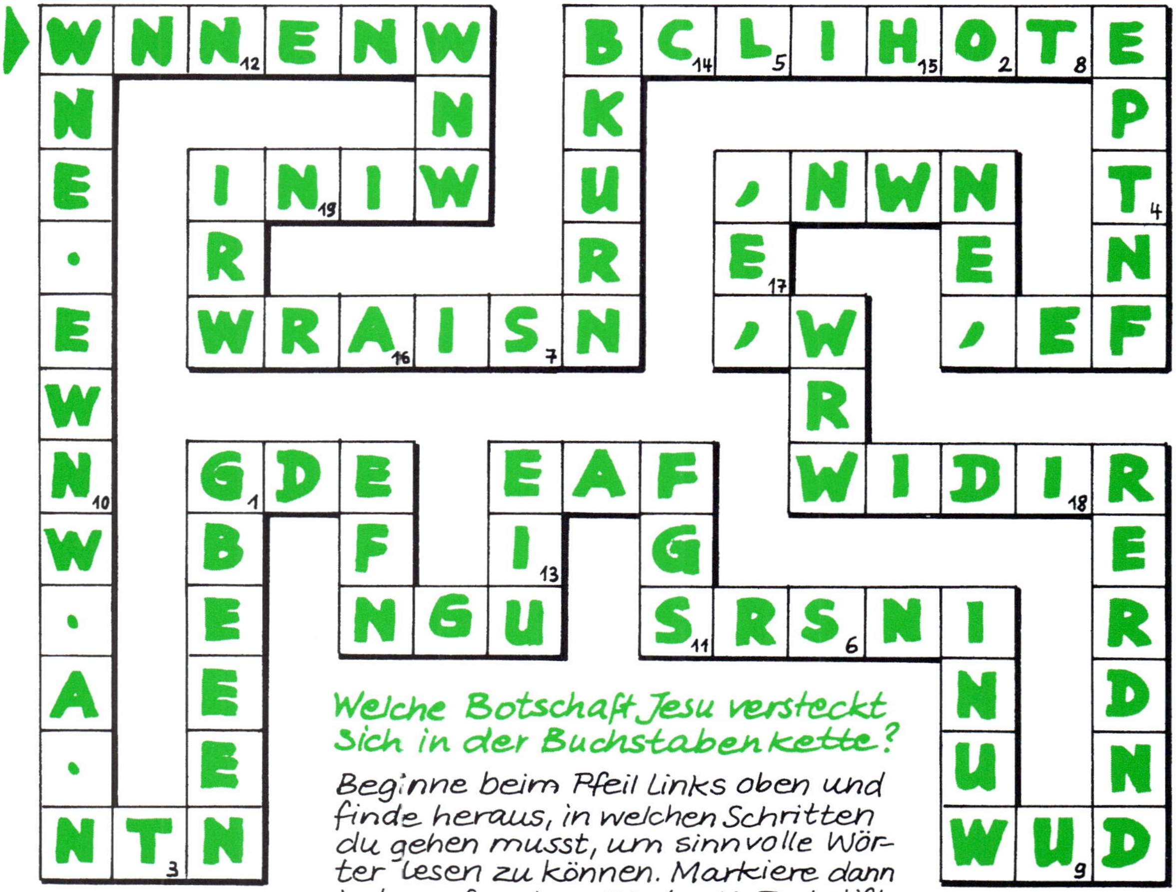

Welche Botschaft Jesu versteckt sich in der Buchstabenkette?

Beginne beim Pfeil links oben und finde heraus, in welchen Schritten du gehen musst, um sinnvolle Wörter lesen zu können. Markiere dann jedes gefundene Wort mit Farbstift und schreibe alles hier noch einmal auf:

Übertrage nun die mit Zahlen markierten Buchstaben in die Kreise:

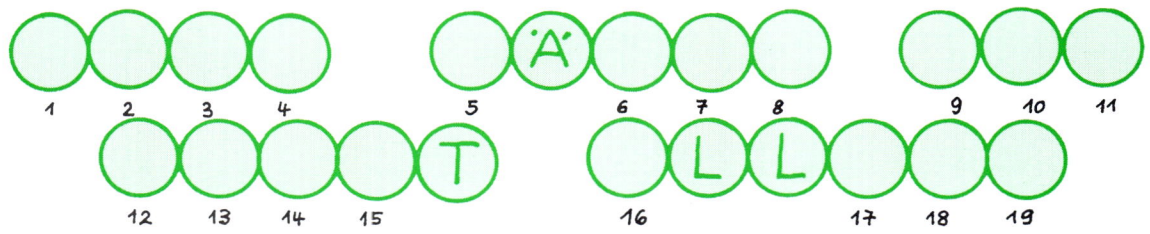

Wenn wir bitten, wird uns gegeben. Wenn wir suchen, werden wir finden. Wenn wir anklopfen, wird uns aufgetan. Gott lässt uns nicht allein. (Lösungssätze)

Für Gott leben

Das ausgemalte Bild zeigt den Schriftzug »Jesus lebt«. Wie müssen wir denken und handeln, damit diese Aussage auch für unser Leben gilt?

Gemeinsam suchen wir in der Bibel Aussagen von Jesus, die uns Hinweise geben, z.B. Lukas 6,27 - 6,28 - 6,30 - 6,31 - 6,35 - 6,36 - 6,37 - 6,38 - 10,27 Matthäus 5,33 - 5,37 - 5,42 - 5,44 - 6,3 - 6,25

Die zitierten Bibelstellen auf kleine Zettel schreiben. Jedes Kind zieht einen Zettel aus dem Topf, sucht die Stelle in der Bibel und liest sie vor. Gemeinsam nach Wegen suchen, die Aussagen im täglichen Leben umzusetzen.

Male alle Punktfelder farbig aus!

Jesus-
geschichten
darstellen

Beweg-liche Bilder

Mit den Deckfarben auf Malkarton mehrere neutrale Hintergrundbilder von verschiedenen Örtlichkeiten malen, z.B. Seeufer, Wüste, Garten, Dorfstraße, Tempelvorplatz, Innenraum eines Hauses usw. Jedes Bild mit einer Rückwand aus Wellpappe verstärken und an allen 4 Ecken kleine Einstecklaschen nach dem Prinzip der Foto-ecken anbringen. Hier wird die Astralon-Platte eingesteckt.

Alle benötigten Personen und sonstigen beweg-lichen Teile wie Tiere, Bäume, Büsche, Zäune etc. auf den Bastelkarton aufzeichnen, farbig ausmalen und mit der Schere sauber aus-schneiden.

Auf der Rückseite je ein kleines Klebe-kissen (notfalls reicht doppelseitiges Klebeband) aufkleben. Die Astralon-platte vor den Bildhintergrund stecken und die Einzelteile nach Bedarf da-rauf fixieren. Nur leicht andrücken, damit sie sich leicht wieder ablösen lassen.

3-D-Bühne

Auf ähnliche Weise, jedoch etwas aufwändiger, können aus stabilen Schuh-kartons oder anderen Schachteln ähnlicher Größe dreidimensionale Mini-Bühnen gebastelt werden: Alle Innenwände einschließlich Decke und Boden mit Deckfarben bemalen (Landschaft/Himmel).

← Taschen-lampe

von beiden Seiten bemalen

je nach Bühnengröße 15–25 cm langer Kartonstreifen als Führungsstab

Häuser basteln (siehe Seite 32), Bäume, Tiere etc. auf Bastelkarton malen, aus-schneiden und mit Aufstellfüßen versehen. Die benötigten Personen als Stabfiguren auf schmale Kartonstreifen aufmalen. Damit sie sich mehr IM Bild bewegen können, aus dem Bühnenboden eine Öffnung aus-schneiden (siehe Zeichnung).

Mit dieser Methode lassen sich die ver-schiedenen Geschichten um Jesus immer wieder neu komponieren und veranschau-lichen. Personen und Gegenstände können nach Bedarf platziert und ausge-tauscht werden.

Für die Herstel-lung der beweglichen Bilder können auch die Bastelvorschäge und Kopiervorlagen des biblischen Dorfes auf den Seiten 32-35 genutzt werden. Je nach geplan-tem Aufwand, Alter und Anzahl der Kinder können die Figuren und Requisiten in Einzel- oder Gruppenarbeit entstehen.

Jesus als Helfer und Heiler

Jesus-geschichten darstellen

Wir machen einen Film

Zuerst schreiben wir das „Drehbuch": Wir „zerlegen" die ausgewählte Geschichte in Einzelsituationen, legen den Handlungsablauf fest und einigen uns auf die darzustellenden Bildinhalte. Auf einem langen Papierstreifen notieren wir diese Regieanweisungen, sie dienen uns als Orientierung. Mit Filzstiften oder/und Ölkreiden malen wir nun der Reihe nach die einzelnen Bildszenen auf eine Rolle Butterbrotpapier, deren Kanten wir zuvor mit Tesafilm gegen Einreißen geschützt haben. Dann schneiden wir aus einem Pappkarton passender Größe eine „Leinwand" aus, die etwas kleiner sein muss als die Filmrolle, sowie links und rechts in die Ecken Seitenschlitze. Auf der Innenseite kleben wir oben und unten Führungsschienen an (siehe Beispiel links oben). Das Ende des Films kleben wir an einem Holzstab fest und rollen den Film auf. Den Anfang schieben wir durch die Seitenschlitze und die Führungsschienen und befestigen auch hier einen Holzstab. Mit einer Taschenlampe beleuchten wir den Karton von innen. Zwei Filmvorführer rollen nun langsam den Film ab und die Zuschauer erzählen, was sie von der Geschichte wissen.

Bilderschachtel

Durch die intensive Beschäftigung mit den Geschichten verinnerlichen die Kinder deren Botschaft. Während der Film eher als Gemeinschaftsarbeit geeignet ist, kann jedes Kind seine eigene Bilderschachtel-Sammlung anlegen.

Einen 3 cm breiten und 27 cm (6 Bilder) oder 36 cm (8 Bilder) langen weißen Papierstreifen in 4,5 cm große Felder unterteilen. Die ausgewählte Geschichte in Einzelszenen aufgliedern und von RECHTS nach LINKS (!) mit Buntstiften in die Felder des Papierstreifens malen, dann falten und das letzte Bild im Schachtelboden festkleben. So können die Bilder zum Betrachten nach und nach aus der Schachtel entfaltet werden. Evtl. noch die Bildrückseiten beschriften, um Namen und Orte im Gedächtnis zu behalten. Schließlich die Schachtelhülle noch bekleben, beschriften und bemalen. Zu jeder neuen Geschichte kann eine **neue** Bilderschachtel **entstehen**.

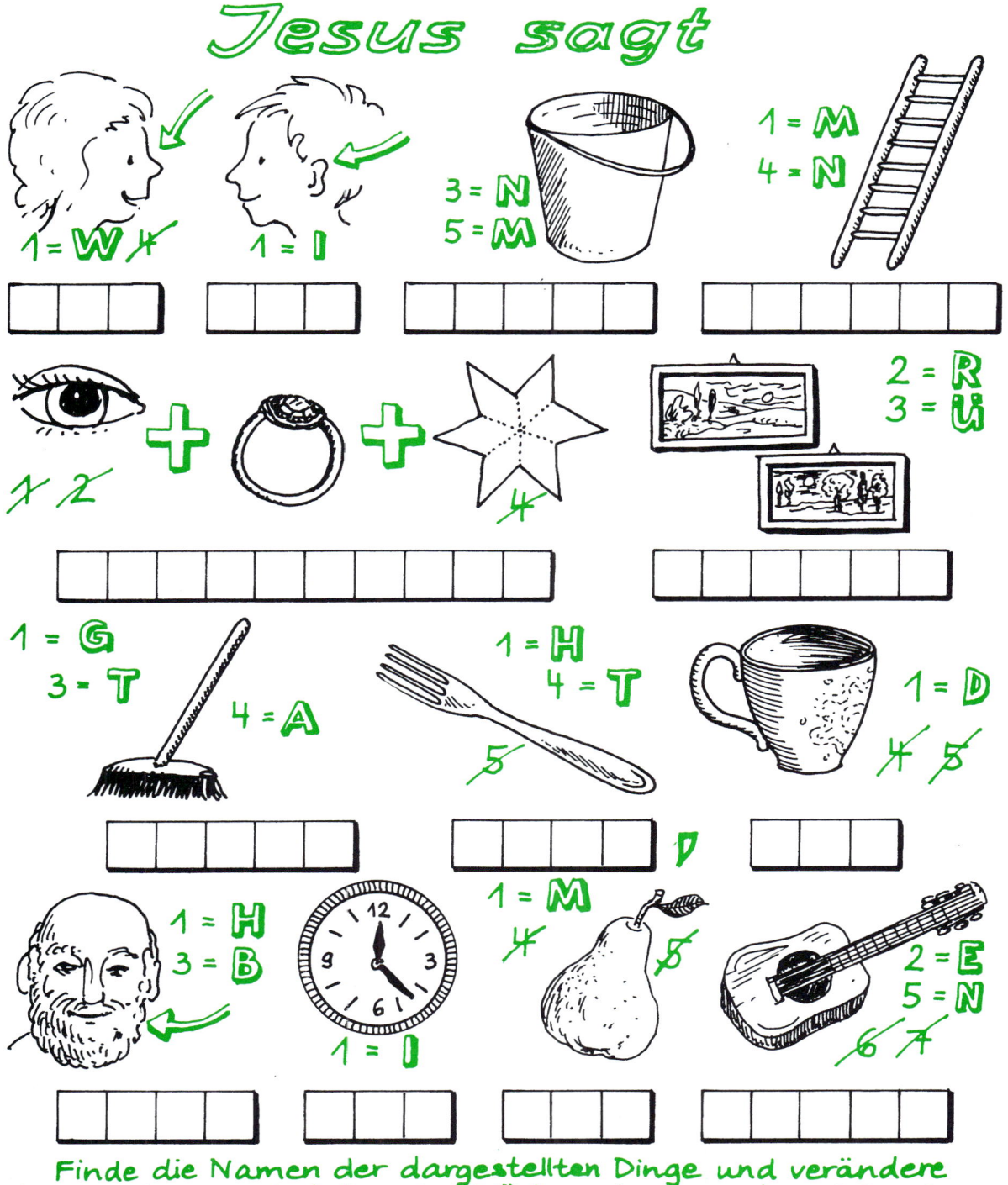

Jesus sagt

Nächsten-liebe

Helfen

Gerechtig-keit

Die Rätsellösung »Was ihr einem meiner geringsten Brüder getan habt, das habt ihr mir getan« (Matth. 25,40) lässt sich zweifach interpretieren: Wo wird Jesus *heute* verraten, gefangen, gequält, unterdrückt? Was können *wir* für diese Menschen tun? Gemeinsam überlegen. Die Ergebnisse auf ein Poster schreiben und mit Fotos und Zeichnungen ergänzen. Als Grundform für das Poster kann ein menschlicher Umriss gemalt werden. Dazu legt sich ein Kind auf die Papierbahn und wird mit einem Stift umfahren. Um den Körperumriss herum die Bedürfnisse und Nöte der Menschen aufschreiben und in den Körper hinein, wie Menschen helfen können.

Finde die Namen der dargestellten Dinge und verändere die einzelnen Buchstaben der Wörter wie angegeben. Schreibe die neu entstandenen Wörter in die Kästchen.

Jesus als Streiter

Sonntag

Gebote

Gesetze

Was ist am Sonntag erlaubt, was ist verboten? Was gilt mehr, Gesetze oder Gebote? Im Meinungsaustausch herausarbeiten, wie heute die Menschen ihren Sonntag verbringen und welche Funktion dieser Tag hat bzw. haben sollte. Darauf bezieht sich das Lösungswort: Ausruhen.

Andererseits ist Sonntagsarbeit im Gemeinwesen unverzichtbar. Gemeinsam überlegen, welche Menschen für das Wohl anderer am Sonntag arbeiten. Zum Thema »Stell dir vor, es ist Sonntag und keiner arbeitet. Was wäre da los?« kleine Geschichten erfinden und vorlesen.

Was ist richtig am Sonntag?

LALÜ LALÜ LALÜ LALÜ

POLIZEI

112

RATATATATATATATATATA

CHIPS

Welches Wort kannst du aus den 8 Kennbuchstaben bilden?

· · · · · · · ·

Was machst du sonntags am liebsten? Male es!

46

Matthäus-Evangelium

Fastenzeit

Symbole

SPUREN-SUCHE

G
Mt.

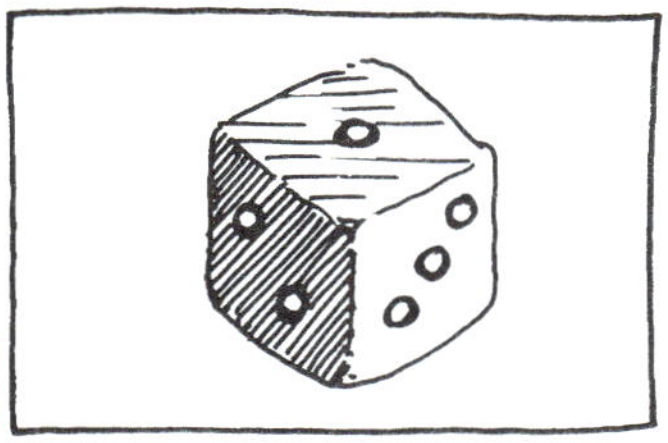

U
Mt.

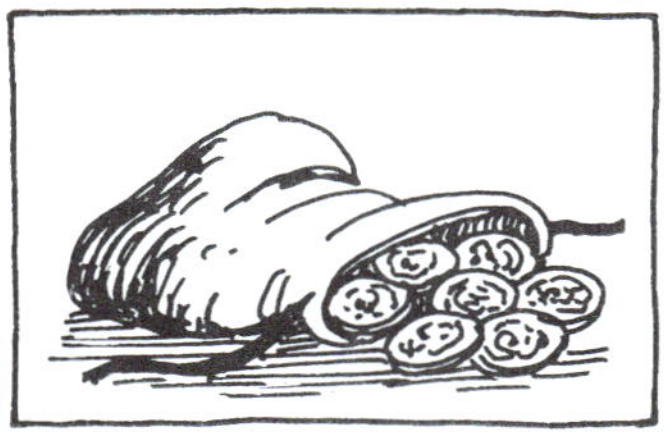

J
Mt.

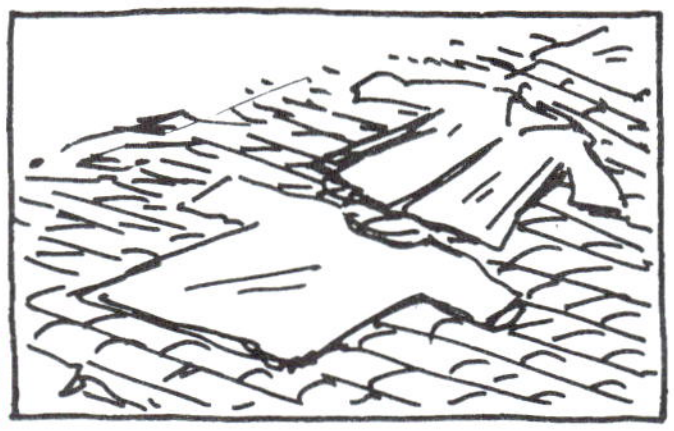

U
Mt.

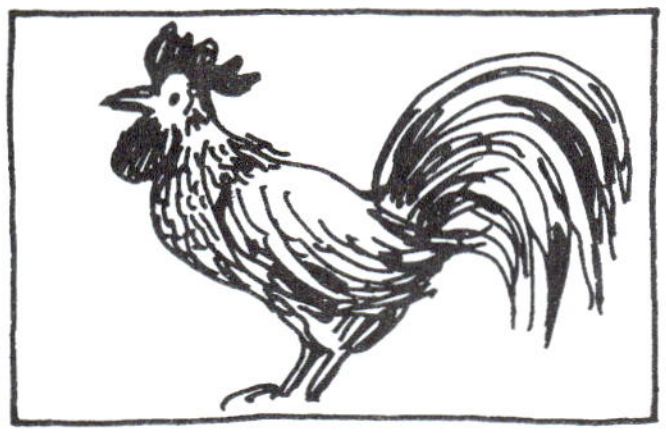

S
Mt.

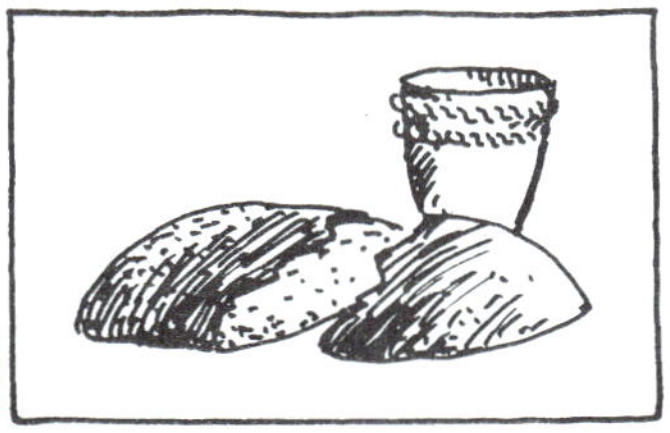

U
Mt.

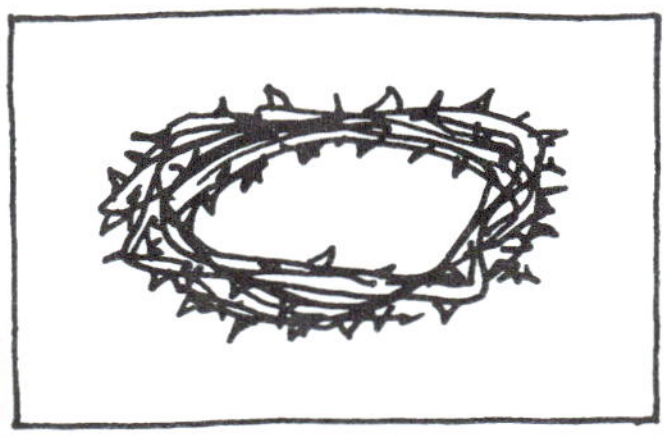

T

Mt.

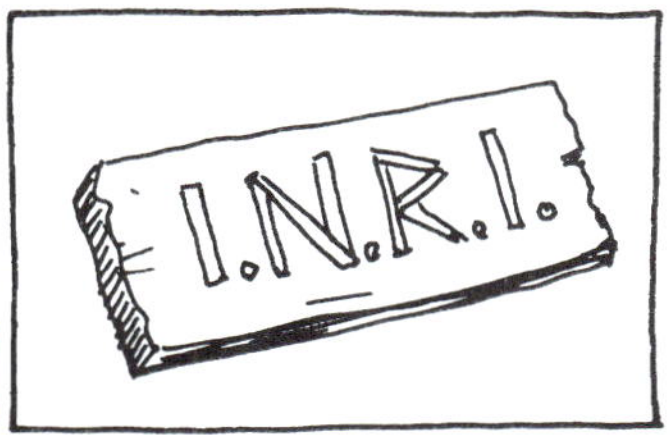

B
Mt.

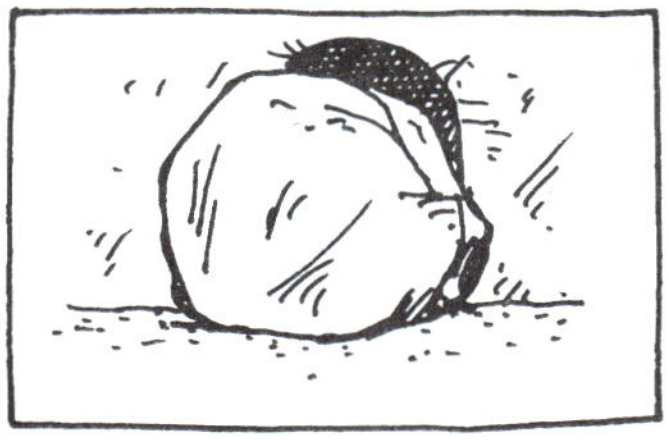

F
Mt.

Welches Bild gehört zu welcher Bibelstelle und zu welchen Personen/Orten?

Du findest es heraus, wenn du die Bibelstellen in aufsteigender Reihenfolge in der Bibel nachliest. Nummeriere gleichzeitig so auch die Bilder von ① bis ⑨. Schreibe die richtige Zusammenstellung in die freien Zeilen unter jedes Bild und übertrage auch die jeweiligen Kennbuchstaben in die dazugehörigen freien Kästchen. Was kannst du lesen?

Matthäus-Evangelium:	T 26, 26-28	C 26, 69-75	E 21, 1-9	Ü 27, 22-26
N 27, 27-30	O 27, 37	E 27, 57-60	E 27, 33-35	S 26, 14-16

Personen und Orte:	R Pilatus	S Golgatha	I Judas	S Jerusalem
A Jünger	R Jesus	H Petrus	N Joseph von Arimathia	S Richthaus

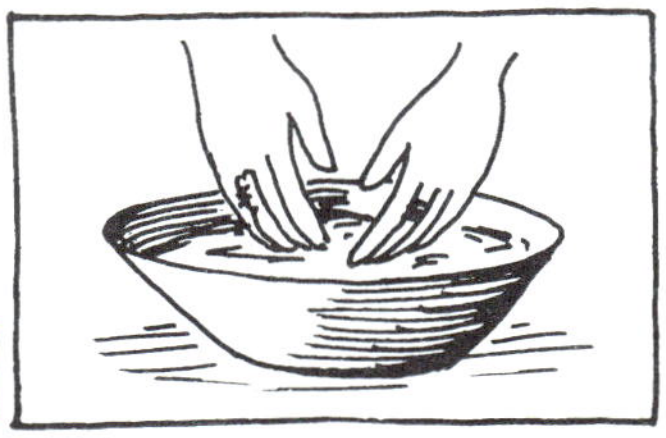

Das Rätsel gibt in groben Zügen das Passionsgeschehen nach dem Matthäus-Evangelium wieder. Mit jüngeren Kindern empfiehlt es sich, Rateteams von je 2-3 Kindern zu bilden, die gemeinsam die Lösung finden. So kopieren, dass der Lösungssatz »Jesus ist auch für uns gestorben« noch einmal unter das Rätsel geschrieben werden kann.

Passion

Kreuz

Symbol

Das ausgemalte Labyrinth zeigt das Kreuz als zentrales Symbol der Christenheit, das seit fast 2000 Jahren in allen Epochen bekannt ist.

Andachts-poster:
Gemeinschafts-arbeit für ältere Kinder: In Kunstbüchern und diversen Nachschlage-werken 12 Kreuze aus verschiedenen Stilepochen und Kulturen suchen und nachzeich-nen, abpausen oder kopieren. Die einzelnen Blätter farbig ausgestalten, zu einem großen Kreuz ordnen und auf Plakat-karton aufkle-ben, dabei außen 5-10 cm Rand frei lassen.

Gehe durch das Labyrinth und male dabei deinen Weg farbig aus.